Les Globe-trotteurs 2

Auteures

Christelle Barbera
Charlotte Jade
Stéphanie Pace (DELF)

www.emdl.fr/fle

SOMMAIRE

UNITÉ 1
Mon quartier — p. 5
- Leçon 1 — p. 6
- Leçon 2 — p. 8
- Leçon 3 — p. 10
- Autoévaluation — p. 12

UNITÉ 2
Je me sens bien — p. 13
- Leçon 1 — p. 14
- Leçon 2 — p. 16
- Leçon 3 — p. 18
- Autoévaluation — p. 20

UNITÉ 3
Bon appétit ! — p. 21
- Leçon 1 — p. 22
- Leçon 2 — p. 24
- Leçon 3 — p. 26
- Autoévaluation — p. 28

UNITÉ 4
Mes intérêts — p. 29
- Leçon 1 — p. 30
- Leçon 2 — p. 32
- Leçon 3 — p. 34
- Autoévaluation — p. 36

UNITÉ 5
Sur la route — p. 37
- Leçon 1 — p. 38
- Leçon 2 — p. 40
- Leçon 3 — p. 42
- Autoévaluation — p. 44

UNITÉ 6
Recyclons ! — p. 45
- Leçon 1 — p. 46
- Leçon 2 — p. 48
- Leçon 3 — p. 50
- Autoévaluation — p. 52

DELF — p. 53

Transcriptions — p. 64

Cartes — p. 69

LES GLOBE-TROTTEURS

Elle est française, elle habite à Lyon et elle adore les musées et les parcs de sa ville. Elle fait beaucoup de sport et elle aime aussi faire du shopping avec ses amies.

ANDRÉA

Il est français et il habite à Toulouse. Il est très sportif et fait du rugby, un sport très populaire dans sa région. Mais il aime tous les sports et fait attention à sa santé !

GABIN

Il est marocain et il habite à Marrakech. Ilyes adore manger et faire la cuisine, il connaît de nombreuses recettes traditionnelles de son pays.

ILYES

Elle habite à Bruxelles, la capitale de la Belgique. Quand elle a du temps libre, elle essaie d'aider les autres en étant bénévole dans des associations.

ROMANE

Elle est française et elle vient de s'installer à Strasbourg, dans l'est de la France. Sa passion : les voyages ! Elle a visité la Chine, l'Argentine, le Maroc…

CAPUCINE

Il est ivoirien, son pays, c'est donc la Côte d'Ivoire. Sékou habite à Abidjan et il est préoccupé par l'environnement et la sauvegarde de la nature.

SÉKOU

1 Mon quartier

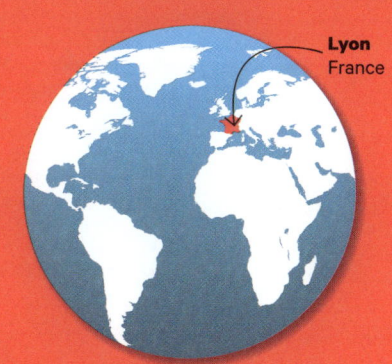

Teste tes connaissances avant de commencer ! Réponds aux questions.

A Comment s'appelle le fleuve qui passe à Lyon ?

B Lis ces réponses et imagine la question posée.
1. Je m'appelle Andréa.
2. J'habite à Lyon.
3. J'ai deux frères et une sœur.

C Écris des phrases avec les éléments proposés.
1. le lundi • on • se lever • 8 h
2. le midi • mes sœurs • manger • l'école
3. 17 h • je • prendre • le goûter
4. le soir • nous • dîner • en famille

Leçon 1 ▶ Je parle de ma ville et de mon quartier

1. LA VILLE DE LYON

A 🔊 1 Trois jeunes parlent de leur quartier. Écoute-les et associe les étiquettes aux photos.

La Guillotière   Les Cordeliers   La Part-Dieu

1

2

3

B 🔊 1 Écoute à nouveau. Quel lieu est présent dans les trois quartiers ?
1. un stade ☐
2. un hôtel ☐
3. un supermarché ☐
4. une gare ☐

C Dans lequel des trois quartiers de l'activité A tu préfères habiter ? Pourquoi ?

Moi, je préfère habiter dans le quartier des Cordeliers parce que… ....

....

D Lis les définitions et trouve les mots correspondants.

1. Je vais dans ce lieu pour voir des films.
2. C'est un lieu pour étudier, faire des recherches, lire des livres, des journaux, etc.
3. Je vais dans ce lieu quand je suis très malade.
4. C'est un lieu à visiter pour voir des tableaux, des sculptures.
5. Je vais dans ce lieu pour voir des compétitions sportives.
6. Je vais dans ce lieu pour prendre le train.

E Mets les lettres des cases rouges de l'activité D dans l'ordre pour trouver le mot mystère. Qu'est-ce qu'on fait dans ce lieu ?

le … … … … … … …

....

F *Il y a* ou *il n'y a pas*? Complète avec la bonne expression.
1. Dans ma rue, _____ des restaurants, mais _____ de médiathèque.
2. Dans mon quartier, _____ un fleuve, mais _____ de plage.
3. Dans ma ville, _____ de théâtre, mais _____ un cinéma.

2. JE PROPOSE DES ACTIVITÉS

A Associe les éléments de chaque colonne pour imaginer un maximum d'activités.

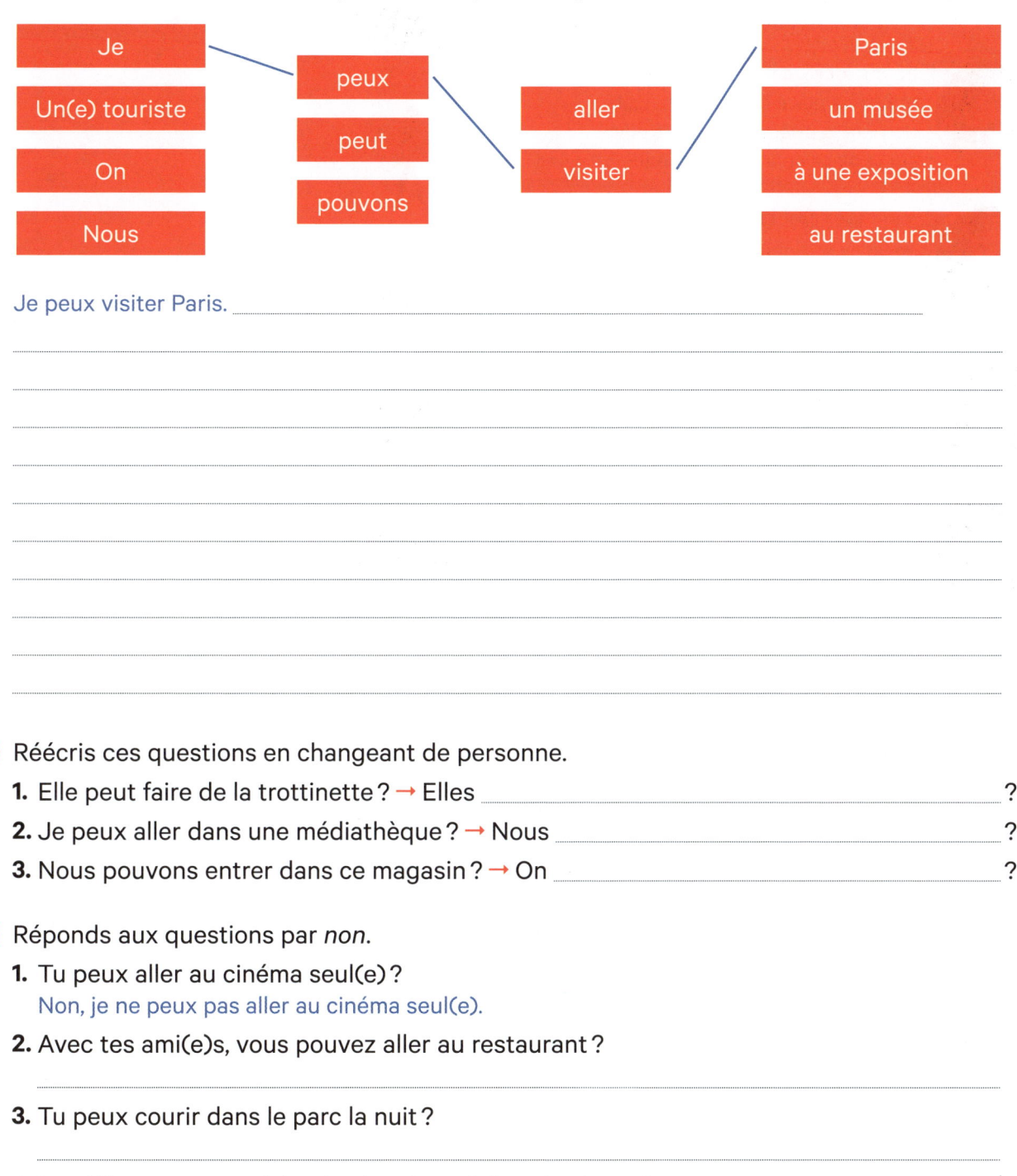

Je peux visiter Paris. _____
_____
_____
_____
_____
_____
_____
_____

B Réécris ces questions en changeant de personne.
1. Elle peut faire de la trottinette ? → Elles _____ ?
2. Je peux aller dans une médiathèque ? → Nous _____ ?
3. Nous pouvons entrer dans ce magasin ? → On _____ ?

C Réponds aux questions par *non*.
1. Tu peux aller au cinéma seul(e) ?
   Non, je ne peux pas aller au cinéma seul(e).
2. Avec tes ami(e)s, vous pouvez aller au restaurant ?
   _____
3. Tu peux courir dans le parc la nuit ?
   _____
4. Les élèves peuvent faire du skateboard dans la classe ?
   _____

Leçon 2 ▸ Je m'oriente et je donne des indications

1. ON SE RETROUVE COMMENT ?

A Lis la conversation entre Andréa et ses amies. Puis, coche les moyens de transport qu'elles utilisent.

B Lis à nouveau la conversation et réponds aux questions.

1. Qu'est-ce que les filles vont faire cet après-midi ?

2. Est-ce que Carla vient aussi ?

3. Où est-ce qu'Andréa et Anaïs se retrouvent à 15 h 50 ?

C Entoure la bonne réponse.

1. Le musée est entre **la / de la** boulangerie et **le / du** café.
2. Il va au collège **en / à** bus.
3. Le métro est près **la / de la** bibliothèque.
4. Tu vas au stade **en / à** vélo.
5. Ils vont à l'université **en / à** métro.
6. Le supermarché est en face **le / du** cinéma.
7. Le restaurant est à côté **le / du** centre commercial.

2. J'INDIQUE UN ITINÉRAIRE

A Écris l'expression correcte sous chaque symbole.

`tourner à droite` `tourner à gauche` `continuer tout droit` `traverser la rue`

B 🔊 2 Écoute et entoure la forme verbale que tu entends.
1. **Tourne / Tournez** à droite après le théâtre.
2. **Marche / Marchez** jusqu'à la place Bellecour.
3. **Prends / Prenez** à gauche la rue de la Charité.
4. **Continue / Continuez** tout droit.
5. **Traverse / Traversez** la rue Sala.

C Complète les phrases avec les verbes à l'impératif.
1. _____ **(prendre – vous)** la ligne B du métro.
2. _____ **(aller – tu)** voir le dernier film de Marvel !
3. _____ **(ne pas faire – nous)** les magasins dans ce quartier : c'est trop cher !
4. _____ **(tourner – vous)** à droite !
5. _____ **(ne pas traverser – tu)** : le feu est rouge !

D À l'aide du plan, réponds à Yasmine pour lui indiquer l'itinéraire.

Leçon 3 ▸ Je fais des achats

1. ON FAIT DU SHOPPING ?

A Associe les contraires.

1. dépenser
2. cher
3. acheter
4. neuf
5. petite boutique

a. vendre
b. grand magasin
c. économiser
d. bon marché
e. d'occasion

B Retrouve les 12 articles cachés dans les mots mêlés.

G	A	F	Ç	H	U	S	H	S	A	C	B	W	Y	T	S	U	M
R	E	O	C	E	B	U	T	S	T	L	A	P	B	H	O	L	A
H	D	T	R	L	Ç	F	L	S	N	B	E	E	Ç	R	L	O	I
O	U	I	N	I	K	I	B	U	A	O	P	L	E	X	R	H	L
Z	A	E	H	O	O	Ç	I	L	P	T	M	U	P	C	G	D	L
P	A	R	A	P	L	U	I	E	D	T	A	C	Q	C	D	G	O
P	U	L	L	A	E	Y	F	Ç	L	E	L	H	W	O	I	Z	T
F	N	B	W	N	I	R	E	B	B	B	S	O	E	Z	Q	O	N	D
K	W	S	J	T	T	O	R	H	B	O	N	B	O	N	M	Z	E
I	L	Ç	I	A	W	B	D	M	S	A	X	A	X	J	V	E	B
Y	Z	M	F	L	B	E	L	U	N	E	T	T	E	S	I	N	A
A	N	E	O	O	K	J	T	P	O	G	C	D	F	E	R	T	I
L	I	G	U	N	T	P	A	R	F	U	M	H	A	S	N	O	N
B	R	O	R	I	S	C	P	T	Q	B	U	I	L	L	A	C	Y
U	G	F	A	D	I	E	C	F	Z	Y	Ç	A	P	O	X	I	A

C 🔊 3 Écoute les dialogues et coche le commerce dans lequel se trouvent les personnes.

1. ☐ chez le fleuriste
   ☐ dans un magasin de chaussures
   ☐ dans une braderie

2. ☐ dans un magasin de jeux vidéo
   ☐ chez l'opticien
   ☐ dans une parfumerie

3. ☐ dans une librairie
   ☐ chez le glacier
   ☐ dans un magasin de vêtements

2. JE L'ACHÈTE !

A 🔊 4 Écoute ces personnes parler de leurs habitudes de shopping. Coche le profil qui correspond à chacune.

	1	2	3	4
L'accro au shopping : Faire les magasins, c'est très important.				
L'économe : Il faut faire attention aux prix.				
L'anti-shopping : Faire du shopping, c'est horrible !				
L'acheteur/euse engagé(e) : Il faut consommer de manière responsable.				

B Remets dans l'ordre le dialogue entre le client et le vendeur.

( ) Merci, je vais l'essayer !
( ) Bonjour, madame ! En quoi je peux vous aider ?
( ) J'aime beaucoup le pull rose. Je peux l'essayer ?
( ) Je fais du M.
( ) Je cherche un pull. Vous avez des pulls chauds pour l'hiver ?
( ) Quelle taille vous faites ?
(1) Bonjour, monsieur !
( ) Bien sûr ! Nous avons ces trois modèles, derrière vous.
( ) Alors le voilà, en M. Les cabines sont sur votre droite.

C Complète le dialogue avec les verbes *avoir*, *être*, *coûter* ou *faire* au présent.

• Excusez-moi, madame ! J'adore les chaussures que vous _____ dans la vitrine. Combien elles _____ , s'il vous plaît ?

○ Il y a une réduction spéciale rentrée en ce moment. Avec la réduction, ça _____ 60 euros.

• C'est un peu cher… mais j'adore ce style. Est-ce que vous _____ des couleurs différentes ?

○ Oui, nous les _____ aussi en noir, en gris et en rose. Vous voulez les _____ ?

• Oui, s'il vous plaît ! Les grises _____ vraiment belles, je peux essayer ce modèle ?

○ Bien sûr. Quelle taille vous _____ ?

• Je _____ du 39.

○ Je reviens dans une minute, vous pouvez attendre sur la chaise, merci.

Autoévaluation

Je sais décrire une ville.

1 Complète avec *un, une, de, du, de la, la* ou *le*.

Dans mon quartier, il y a _____ jolie gare à droite de chez moi. Il y a _____ cinéma et _____ bibliothèque en face _____ gare. Il y a aussi beaucoup _____ magasins. Il n'y a pas _____ parc et il n'y a pas _____ musée. Mais il y a _____ stade, près _____ cinéma et derrière _____ bibliothèque.

Je sais parler de mes activités.

2 Réécris les phrases avec *on*.
- **a.** Nous allons au restaurant. → On _____
- **b.** Nous pouvons faire les magasins. → _____
- **c.** Nous visitons le musée. → _____
- **d.** Nous faisons de l'aviron. → _____

Je sais indiquer un itinéraire.

3 Conjugue les verbes à l'impératif.

De : LolaRP@globe-trotteur.fr
Objet : Pour venir chez moi

Salut Ousmane !

J'habite à côté du terminus du métro B. Pour venir chez moi, quand tu descends au terminus, _____ **(prendre)** la sortie Centre Ville. _____ **(Continuer)** tout droit le long du quai : tu arrives à une place. _____ **(Traverser)** cette place et _____ **(tourner)** dans la première rue à gauche. _____ **(Aller)** jusqu'au numéro 26. C'est là !

À tout à l'heure !
Lola

Je sais faire des achats.

4 Associe les dialogues aux dessins.

A
- Tout va bien ? La taille, ça va ?
- Vous l'avez en 40 ? Le 42 est un peu grand.

B
- J'aime beaucoup cette veste. Je peux l'essayer ?
- Bien sûr ! Les cabines sont là-bas.

C
- Et combien ça coûte ?
- Ça fait 34,50 €, s'il vous plaît.

2
Je me sens bien

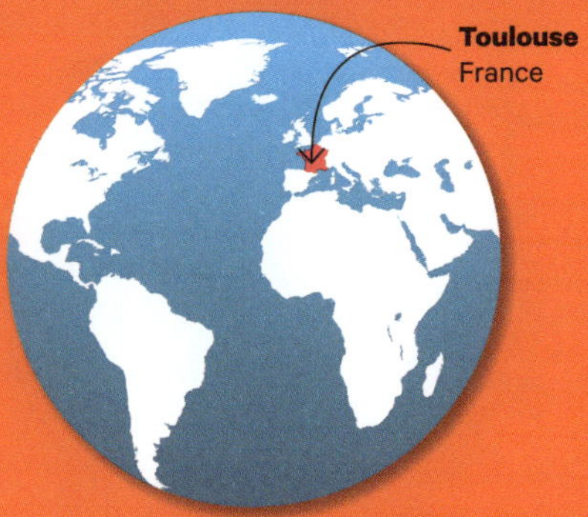

Teste tes connaissances avant de commencer ! Fais les activités.

A Quand est-ce qu'a lieu la Fête des lumières à Lyon ?
1. En juin.
2. En septembre.
3. En décembre.

B Complète les phrases avec *en* ou *à*.
1. Je viendrai chez toi ... métro.
2. Je ne voyagerai plus ... avion.
3. Ma meilleure amie va ... vélo à l'école.

C Conjugue le verbe *pouvoir* au présent.

Pont Saint-Pierre, Toulouse.

Toulouse
France

Leçon 1 ▶ Je parle des parties du corps et des sensations physiques

1. LES PARTIES DU CORPS

A Écris le nom des 10 parties du corps indiquées par une flèche.

B 🔊 5 Gabin a imaginé un monstre. Écoute sa description et dessine son monstre.

C Associe les problèmes aux causes.

1. Je me sens fatigué(e).
2. J'ai des frissons.
3. J'ai mal au ventre.
4. J'ai mal aux oreilles.
5. J'ai mal aux jambes.
6. J'ai mal aux pieds.

a. J'écoute de la musique trop fort.
b. Je n'ai pas dormi cette nuit.
c. J'ai fait beaucoup de vélo.
d. J'ai mangé trop de sucreries.
e. J'ai de la fièvre.
f. Je porte des chaussures trop petites.

2

2. JE NE ME SENS PAS BIEN !

A Tu as mal où ? Fais des phrases comme dans l'exemple.

1. → J'ai mal au genou.
2. → ....
3. → ....
4. → ....
5. → ....
6. → ....
7. → ....
8. → ....

B Kim ne se sent pas en forme. Il va voir le docteur. Remets le dialogue dans l'ordre.

a. (......) Et tu es fatigué en ce moment ?
b. (1) Bonjour, Kim !
c. (......) J'ai mal à la tête.
d. (......) Bonjour, docteur !
e. (......) Qu'est-ce qui ne va pas ?
f. (......) Non, je n'ai pas de fièvre.
g. (......) Oui, et aussi quand je regarde la télévision.
h. (......) Est-ce que tu as de la fièvre ?
i. (......) Bon, alors tu as peut-être besoin de lunettes. Assieds-toi ici, s'il te plaît, et lis les lettres sur le tableau.
j. (......) Non, je ne suis pas fatigué. Je me sens en forme.
k. (......) D'accord. Et est-ce que tu as mal aux yeux quand tu lis ?

C Complète les phrases suivantes avec *il faut* ou *il ne faut pas*.

1. Pour être en forme, ... manger beaucoup de légumes et de fruits.
2. Pour bien commencer la semaine le lundi matin, ... préparer ses affaires le dimanche soir.
3. Pour avoir confiance en soi, ... se dévaloriser.
4. Pour bien dormir, ... dîner trop lourd ni trop gras.
5. Pour économiser la batterie de son téléphone portable, ... désactiver le réglage automatique de la luminosité.

quinze | 15

Leçon 2 ▸ Je parle du stress et de comment le gérer

1. POURQUOI TU ES STRESSÉ(E) ?

A Utilise une étiquette de chaque colonne et relie-les avec *parce que* ou *parce qu'*.

Samy n'aime pas travailler en groupe	elle n'est pas bonne en géométrie.
Sylvie est stressée pour le contrôle de maths	l'autre équipe est très forte.
Morgane ne veut pas s'inscrire à la course du lycée	elle a peur d'arriver la dernière.
Gabin est stressé pour le match de samedi	il a peur de travailler plus que les autres.

....
....
....
....

B 🔊6 Écoute ce que Riana dit et associe le début des phrases à leur fin.
1. (......) pour réviser ensemble avant les grands contrôles.
2. (......) pour préparer ma présentation orale.
3. (......) pour penser à faire mes devoirs.
4. (......) pour être prête en cas d'interrogation surprise.
5. (......) pour ne pas oublier mon matériel de classe.

C Donne des conseils à ces élèves français pour faire des progrès en espagnol.

1
Je veux améliorer mon écrit.

Pour améliorer ton écrit, tu peux lire des magazines en espagnol.

2
Je veux réviser la conjugaison.

....
....
....
....

3
Je veux découvrir la culture espagnole.

....
....
....

4
Je veux améliorer mon oral.

....
....
....
....

2. LUTTONS CONTRE LE STRESS !

A Conjugue les verbes à l'impératif.

Un week-end sans stress !

- **(organiser)** Organise ton temps libre.
- **(faire)** _____ des activités en plein air, **(jouer)** _____ avec des amis, mais **(réserver)** _____ deux heures pour tes devoirs. **(ne pas faire)** _____ tes devoirs le dimanche soir !
- **(limiter)** _____ le temps passé devant les écrans et **(préférer)** _____ les activités manuelles et sportives : **(dessiner)** _____, **(faire)** _____ du sport, **(jouer)** _____ d'un instrument de musique.
- **(ne pas oublier)** _____ de manger des fruits et du chocolat au goûter pour faire le plein d'énergie !

B Propose un programme pour lutter contre le stress avec la liste ci-dessous. Conjugue les verbes à l'impératif.

- Faire du sport
- Respirer avec le ventre
- Écouter de la musique
- Ne pas se coucher tard
- Ne pas faire 10 000 choses en même temps
- Ne pas hésiter à faire une pause

Fais du sport !

C 🔊 7 Écoute le tutoriel de yoga de Clémentine et associe chaque instruction au bon dessin. Attention ! Il y a plus de dessins que d'instructions !

Leçon 3 ▸ Je parle de mes émotions

1. HEUREUX/EUSE OU PAS HEUREUX/EUSE?

A À l'aide des expressions, rédige un questionnaire pour savoir si on est heureux/euse.

- Voir toujours les choses du bon côté
- Comparer sa vie avec la vie des autres
- Se détendre facilement
- Avec plus d'argent, on pourrait être plus heureux/euse
- Se sentir souvent frustré(e) parce qu'on n'arrive pas à tout faire

		OUI	NON
1	Tu vois toujours les choses du bon côté ?	○	○
2		○	○
3		○	○
4		○	○
5		○	○

B Retrouve six adjectifs pour exprimer des émotions en associant ces pièces de puzzle.

Pièces : STE, CO, EUX, EN, TRI, ÇU, NT, NTE, ER, DÉ, HEUR, ME, VÉ, CAL

1. ....
2. ....
3. ....
4. ....
5. ....
6. ....

C Écris trois activités qui te rendent heureux/euse.

Je suis heureux quand...

2. IL EST OÙ LE BONHEUR ?

A 🔊 8 Écoute ce podcast, puis coche les bonnes réponses.

1. Quel est le thème de ce podcast ?
   a. ☐ Le bonheur des jeunes.
   b. ☐ Les relations entre élèves et professeurs.
   c. ☐ La crise d'adolescence.

2. Selon Marcela, l'intervenante, comment les adolescents se sentent avant l'hiver ?
   a. ☐ Déçus.
   b. ☐ En colère.
   c. ☐ Seuls.

3. Pourquoi les adolescents ressentent ce sentiment négatif ?
   a. ☐ Ils ont trop froid dans la cour pendant la journée.
   b. ☐ Ils passent trop de temps chez eux sur les écrans.
   c. ☐ Ils ont vraiment besoin que les vacances arrivent.

4. Quelle est l'autre cause de ce sentiment négatif ?
   a. ☐ Des nuits trop courtes.
   b. ☐ Des devoirs trop difficiles.
   c. ☐ Des leçons trop fatigantes.

5. Quels sont les conseils donnés par l'intervenante ?

A ☐    **B** ☐    **C** ☐

B Réécris ces conseils en utilisant les expressions proposées.

`Tu peux`   `Il faut`   `Tu pourrais`

1. Parle avec tes parents ! →
2. Limite ton temps de connexion ! →
3. Fais des exercices de relaxation ! →
4. Essaie de te coucher tôt ! →
5. Écoute de la musique pour te détendre ! →
6. Mange moins le soir ! →
7. Appelle tes grands-parents ! →
8. Pratique une activité sportive ! →
9. Bois environ deux litres d'eau par jour ! →

Autoévaluation

Je sais parler des parties du corps.

1 Entoure l'intrus dans chaque liste.
- **a.** jambe • genou • oreille • cuisse
- **b.** œil • coude • bras • main
- **c.** pied • tête • genou • cheville
- **d.** bouche • épaule • nez • yeux

Je sais décrire un problème physique.

2 Décris l'état des personnes sur chaque photo et donne une cause possible pour chaque problème.

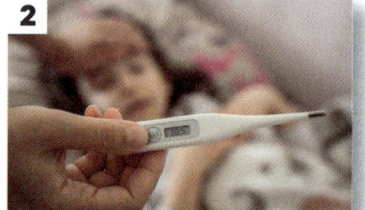

Je sais utiliser l'impératif à la forme négative.

3 Réécris les phrases à la forme négative.
- **a.** Publie beaucoup de photos de toi sur Internet ! →
- **b.** Bois du soda pendant les repas ! →
- **c.** Oublie tes devoirs ! →
- **d.** Baisse la tête ! →
- **e.** Mens à tes parents ! →

Je sais donner des conseils.

4 Donne un conseil à chaque élève avec *tu peux, tu pourrais* ou *il faut*.
- **a.** Sébastien est victime de harcèlement.
  →
- **b.** Didier n'arrive pas à s'endormir le soir.
  →
- **c.** Delphine a mal au dos.
  →

3
Bon appétit !

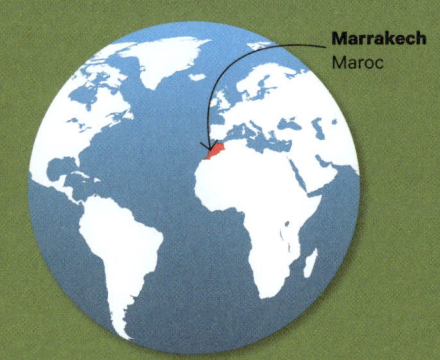

Marrakech
Maroc

Teste tes connaissances avant de commencer ! Fais les activités.

A Quel est le sport le plus populaire à Toulouse ?
1. La danse.
2. Le rugby.
3. Le ski.

B Qu'est-ce qu'il faut faire pour être en forme ?

C Remets la phrase dans le bon ordre.
amis • peux • tu • conseil • demander • à • tes

sur l'ancienne médina de Marrakech.

Leçon 1 ▶ Je parle des aliments et des goûts alimentaires

1. UNE ALIMENTATION ÉQUILIBRÉE

A Écris le nom de ces aliments.

1 .... 2 .... 3 .... 4 ....

5 .... 6 .... 7 .... 8 ....

B À l'aide des photos, complète la liste des ingrédients.

Les ingrédients de la ratatouille

350 g d'aubergines
350 g de ....
350 g de ....
350 g d' ....
500 g de ....

3 gousses d' ....
6 cuillères d' ....
du thym
1 feuille de laurier
.... et ....

C 🔊 9 Écoute les dialogues à la cantine et complète les menus de Nils et d'Amandine.

NILS
Entrée ....
Plat ....
Produit laitier ....
Dessert ....
Repas équilibré ☐ oui ☐ non

AMANDINE
Entrée ....
Plat ....
Produit laitier ....
Dessert ....
Repas équilibré ☐ oui ☐ non

2. MES PRÉFÉRENCES

A Conjugue les verbes au présent.

1. Moi, j'_____ **(aimer)** la viande, mais je _____ **(ne pas aimer)** le poisson.
2. Toi, tu _____ **(adorer)** le yaourt, mais tu _____ **(détester)** le fromage.
3. Ilyes, il _____ **(adorer)** le chocolat noir, il _____ **(aimer)** le chocolat au lait, mais il _____ **(détester)** le chocolat blanc.
4. Les enfants, ils _____ **(adorer)** les fruits, mais ils _____ **(ne pas aimer)** les légumes.

B La famille d'Ilyes va au restaurant. Retrouve l'entrée choisie par chaque membre.

A Salade de saumon fumé, avocat et orange

B Sardines grillées, carottes râpées et purée de pommes de terre

C Quiche aux trois fromages, avec de la salade verte

1. (___) La mère d'Ilyes n'est pas compliquée : elle aime tout ! Elle déteste seulement deux aliments : l'avocat et les carottes.
2. (___) Ilyes adore les carottes, la viande, les pommes de terre et les produits laitiers. Il déteste les oranges et la salade.
3. (___) Le père d'Ilyes adore le poisson. Il aime aussi la viande et les légumes, mais il n'aime pas les pommes de terre et le fromage.

C Écris le contraire.

1. J'aime les poires. → _____
2. Il déteste les bananes. → _____
3. Nous n'aimons pas le beurre. → _____
4. Tu adores les courgettes. → _____
5. Elle aime les olives vertes. → _____

Leçon 2 ▶ Je parle des saveurs et des repas

1. LES HABITUDES ALIMENTAIRES

A Complète les phrases avec les articles partitifs *du, de la, des* ou *de l'*.

1. Dans la salade grecque, il y a _____ salade verte, _____ fromage, _____ tomates, _____ poivrons, _____ concombre et _____ olives noires.
2. Dans mon smoothie, il y a _____ kiwi, _____ pomme, _____ ananas et _____ banane.
3. Dans les crêpes, on peut ajouter _____ miel, _____ sucre, _____ citron, _____ chocolat, _____ confiture ou _____ caramel.

B Écris sur le schéma le nom des repas de la journée.

C Réécris ce texte avec le pronom *on*.

Les Français(es) mangent du pain avec du beurre et de la confiture. Les gens aiment aussi acheter des croissants et des pains au chocolat le week-end. Ils/Elles boivent du café ou du thé. Les Français(es) aiment aussi prendre un jus de fruits le matin. Pour le petit déjeuner des enfants, ils/elles préfèrent des céréales avec un chocolat chaud.

En France, on... _____

2. SUCRÉ OU SALÉ ?

A Classe les aliments selon leur goût. Un même aliment peut avoir deux goûts différents.

1. du ketchup   **2.** de la moutarde   **3.** de la sauce soja   **4.** des chips   **5.** du citron vert   **6.** du piment

7. du vinaigre   **8.** de la pâte à tartiner   **9.** du wasabi   **10.** du nougat   **11.** du jus d'orange   **12.** du poivre

Sucré(e)	Salé(e)	Piquant(e)	Acide

B 🔊10 Ilyes et sa cousine Jasmine vont à Casablanca chez leurs grands-parents. Écoute le dialogue et dis si les affirmations sont vraies ou fausses.

	Vrai	Faux
1. Jasmine et Ilyes aiment la cuisine de leur grand-mère.		
2. Leur grand-mère prépare un tajine de poulet aux olives.		
3. Le tajine de la grand-mère est piquant.		
4. Jasmine n'aime pas le tajine de sa grand-mère.		
5. Ilyes déteste la sauce harissa.		

C Imagine un nouvel aliment qui mélange plusieurs goûts. Dessine-le et décris ses saveurs.

LE CITRON MULTISAVEUR

Il est acide et sucré. C'est une mandarine, un citron et un citron vert dans un seul fruit.

Leçon 3 ▶ Je fais une commande et la liste de courses

1. ON PRÉPARE UNE FÊTE !

A Dans les mots mêlés, retrouve huit noms qui expriment la quantité.

W	T	X	L	I	T	R	E	Y	I	F	J
N	D	P	B	L	K	I	H	C	U	V	O
B	O	U	T	E	I	L	L	E	X	E	A
N	Ç	T	V	P	L	X	R	S	Ç	Ç	Ç
A	I	A	T	R	A	N	C	H	E	B	S
N	G	B	H	P	A	Q	U	E	T	O	A
F	R	L	K	A	A	H	G	Y	S	I	Z
M	A	E	I	F	S	A	W	D	F	T	U
X	M	T	L	N	L	P	O	D	Ç	E	N
U	M	T	O	F	D	Z	P	O	M	R	S
X	E	E	H	D	C	U	X	F	N	V	T
X	S	R	K	S	V	U	P	Ç	B	N	G

B Complète ces expressions avec les mots de l'activité A.

1. un _____ de gâteaux
2. une _____ de chocolat
3. une _____ d'œufs
4. un _____ d'eau
5. une _____ de pain
6. 100 _____ de sucre
7. un _____ de pommes de terre
8. une _____ de jus d'orange

C 🔊 11 Les amis d'Annabelle préparent une fête surprise pour son anniversaire. Écoute le dialogue et réponds aux questions.

1. Quel plat ils vont préparer pour la fête d'Annabelle ?

A

B

C

2. Complète la liste des courses qu'ils vont faire.

Liste de courses
- 4 _____
- 1 bouteille de _____
- 250 grammes de _____
- du _____
- du _____
- du _____
- de la _____
- des _____

D Entoure la bonne option.

1. Ils déjeunent **au / chez le** restaurant.
2. Alban, tu vas **à / chez l'**épicier ?
3. Le samedi, j'achète la viande **au / chez le** boucher.
4. On organise une fête **à / chez** la maison.
5. Vous prenez du pain **à / chez** la boulangerie.
6. Nous faisons les courses **au / chez le** supermarché.

2. JE COMMANDE UN PLAT

A Ilyes est à la sandwicherie. Remets le dialogue dans l'ordre.

a. (1) C'est à qui ?
b. (   ) Comme entrée, je prends une salade. Et comme sandwich, je voudrais un panini poulet barbecue.
c. (   ) Bonjour ! Vous avez choisi ?
d. (   ) Comme dessert, un flan à la noix de coco, s'il vous plaît. Et pour la boisson, un soda !
e. (   ) Parfait, le panini arrive dans une minute ! Ça fait 9,50 euros, s'il vous plaît.
f. (   ) Oui, je prends un menu fraîcheur.
g. (   ) Et le dessert ?
h. (   ) C'est à moi ! Bonjour !
i. (   ) Comme entrée, vous voulez quoi ? Une salade ou de la soupe ?

B 🔊12 Écoute et note la commande des deux clients.

Autoévaluation

Je connais le nom des aliments.

1 Donne trois exemples pour chaque groupe d'aliments.
  a. Les légumes : _____
  b. Les fruits : _____
  c. Les produits laitiers : _____
  d. Les féculents : _____

Je sais parler des goûts alimentaires.

2 Écris des phrases pour décrire les goûts alimentaires d'Ilyes.

Ilyes adore les carottes. _____

Je sais utiliser les articles définis et les partitifs.

3 Entoure le bon article.
  a. Je déteste **la / de la** banane.
  b. Je prends **le / du** lait dans mon café.
  c. J'aime **les / des** gaufres.
  d. Je mange **les / des** plats épicés.
  e. Je bois **le / du** soda.
  f. J'achète **la / de la** viande.
  g. J'adore **le / du** tajine.
  h. Je veux **la / de la** tarte au citron.

Je sais utiliser *aller à* et *aller chez*.

4 Complète le texte avec *aller à / au* ou *aller chez*.
  a. Nous _____ l'épicerie.
  b. Aujourd'hui, je _____ supermarché.
  c. Martina _____ le boucher.
  d. Elles _____ la boulangère.

4
Mes intérêts

Bruxelles
Belgique

Teste tes connaissances avant de commencer ! Fais les activités.

A Complète cette liste de courses avec *un paquet, une tablette, un kilo, un litre*.
- … de chips
- … de jus de pomme
- … de carottes
- … de chocolat

B Exprime tes goûts en remplaçant les symboles par les verbes corrects.
1. Mes parents … ♥ ♥ le poisson, moi, je … ✖ ✖.
2. J'… ♥ manger des glaces l'été.
3. Mon frère … ✖ le fromage, mais il … ♥ ♥ la fondue.
4. Nous … ♥ les légumes, mais nous … ✖ la soupe.

Grand-Place, Bruxelles.

Leçon 1 ▸ Je parle des études et des projets d'avenir

1. JE VEUX DEVENIR…

A Ce schéma présente le système éducatif français pour les élèves à partir de 11 ans. Complète-le avec les étiquettes.

master   collège   licence   CAP

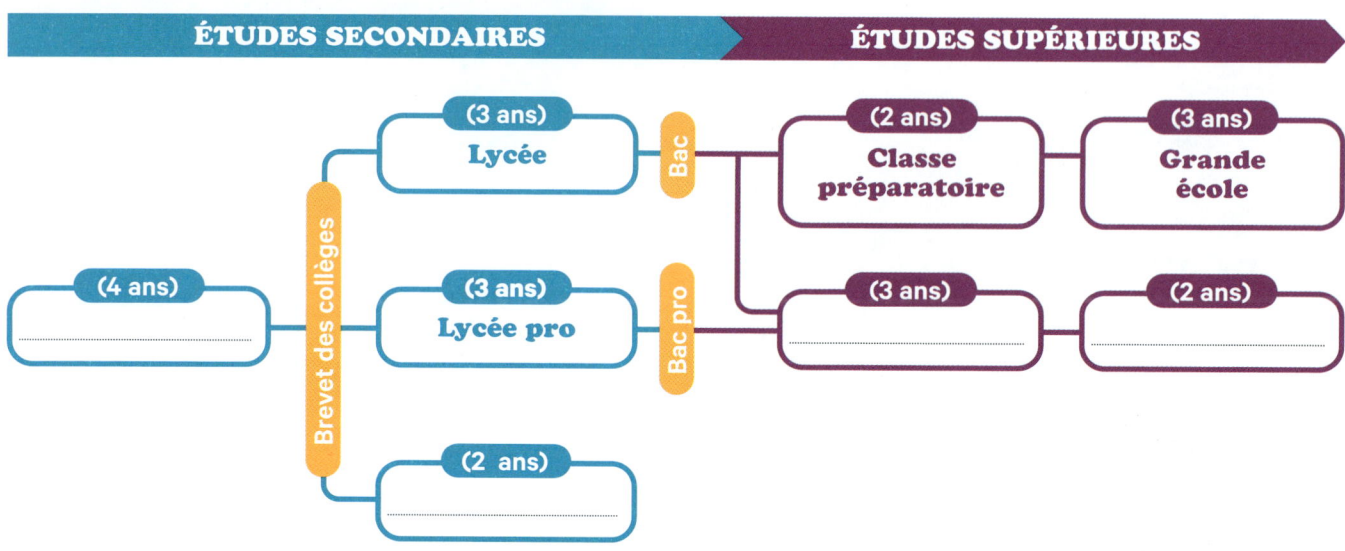

B 🔊 13 Trois ados parlent du métier qu'ils veulent faire plus tard. Écoute-les et coche la profession de leurs rêves.

1. Olympe voudrait devenir…
   ☐ **a.** journaliste.   ☐ **b.** informaticienne.   ☐ **c.** traductrice.
2. Lysandre voudrait devenir…
   ☐ **a.** médecin.   ☐ **b.** professeure.   ☐ **c.** ingénieure automobile.
3. Youri voudrait devenir…
   ☐ **a.** cuisinier.   ☐ **b.** archéologue.   ☐ **c.** biologiste.

C Parmi les professions choisies par Olympe, Lysandre et Youri, explique laquelle est ta préférée et quelles sont les études à suivre pour y parvenir.

....
....
....

D Réécris ces phrases en utilisant *il faut*.

1. Pour faire des études de sciences physiques, il est nécessaire d'aimer les maths.
   → ....
2. Pour être médecin, il est nécessaire de faire des études très longues.
   → ....
3. Pour devenir scénariste pour le cinéma, on doit avoir beaucoup d'imagination.
   → ....
4. Pour être archéologue, il est nécessaire d'avoir un bac+5.
   → ....

2. MES PROJETS D'AVENIR

A Complète ce dialogue entre un conseiller d'orientation et une collégienne avec les verbes au conditionnel.

- Qu'est-ce que tu aimerais faire comme métier plus tard ? Tu as déjà une idée ?
- Je ne sais pas exactement, mais je **(vouloir)** _____ voyager et parler des langues étrangères, rencontrer beaucoup de personnes qui viennent de différents pays.
- Je vois. Tu **(pouvoir)** _____ travailler dans le tourisme, comme guide touristique, par exemple.
- Oui, je **(pouvoir)** _____ pratiquer les langues et visiter beaucoup de lieux magnifiques.
- Je vais chercher une brochure avec les différents métiers du tourisme. Et la prochaine fois, on **(pouvoir)** _____ regarder ensemble les études qu'il faut faire. D'accord ?
- Merci beaucoup, monsieur ! J'**(aimer)** _____ beaucoup avoir plus d'informations !

B Quelles sont tes activités préférées ? Quelles sont les activités que tu n'aimes pas faire ?

| lire des romans | prendre des photos | faire du sport | faire des calculs |
| lire l'actualité | participer à des débats | voyager | aller au cinéma |

J'adore lire des romans.

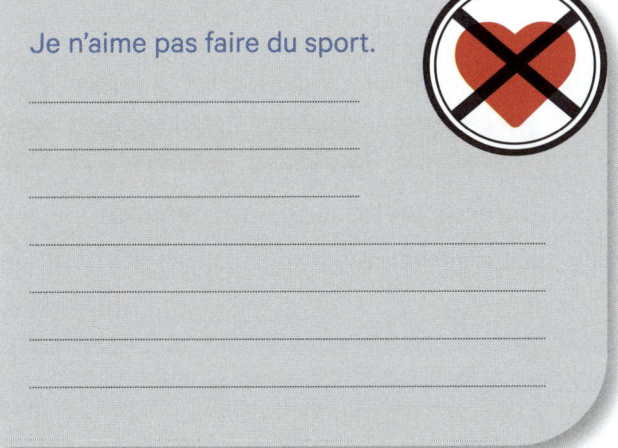

Je n'aime pas faire du sport.

C Entoure la bonne forme verbale.

1. Au collège, je **peux / peut** parler de mon orientation avec un(e) conseiller/ère.
2. Tu dessines très bien, tu **pourrais / pourrait** devenir illustrateur !
3. Avec une licence de langues étrangères, tu **peux / peut** faire différents métiers.
4. Elle adore les animaux. Elle **pourrais / pourrait** devenir vétérinaire.
5. Après un CAP coiffure, on **peux / peut** faire un bac pro.

Leçon 2 ▶ Je parle des projets solidaires

1. JE VAIS ÊTRE BÉNÉVOLE

A Associe les expressions aux définitions.

1. faire du bénévolat
2. distribuer des repas
3. collaborer avec des gens
4. récupérer des dons
5. mettre les objets en rayon

a. travailler avec d'autres personnes
b. faire une collecte des produits donnés
c. aider gratuitement dans une association
d. ranger les produits dans le magasin
e. donner à manger

B Quels sont leurs projets ? Écris des phrases avec les éléments donnés.

1. ma prof de français • demain
   → Ma prof de français va préparer ses cours pour demain.
2. moi • pour mon anniversaire
   → ....
3. ma famille et moi • pour Noël
   → ....
4. ton / ta meilleur(e) ami(e) • ce week-end
   → ....

C Complète les phrases avec le mot qui convient.

> prochain   demain   prochaine   jours   dans

1. Je vais fêter mon anniversaire .... un mois.
2. La semaine ...., il va participer à un projet écologique.
3. Jeudi ...., nous allons faire du surf.
4. ...., tu vas rencontrer l'équipe de bénévoles.
5. Ils vont aider leurs voisins à déménager dans trois ....

D 🔊 14 Écoute et écris la lettre de la réponse en face de la question correspondante.

1. Tu pars en vacances la semaine prochaine ?
2. Ton frère est toujours en Belgique pour faire du bénévolat ?
3. Qu'est-ce que tu vas faire ce week-end ?
4. Quand est-ce que vous allez récupérer les dons ?
5. Pourquoi tu ne peux pas aller à l'école demain ?

2. MES PROJETS SOLIDAIRES

A Lis la page d'accueil du site Pour les tortues et dis si les affirmations sont vraies ou fausses.

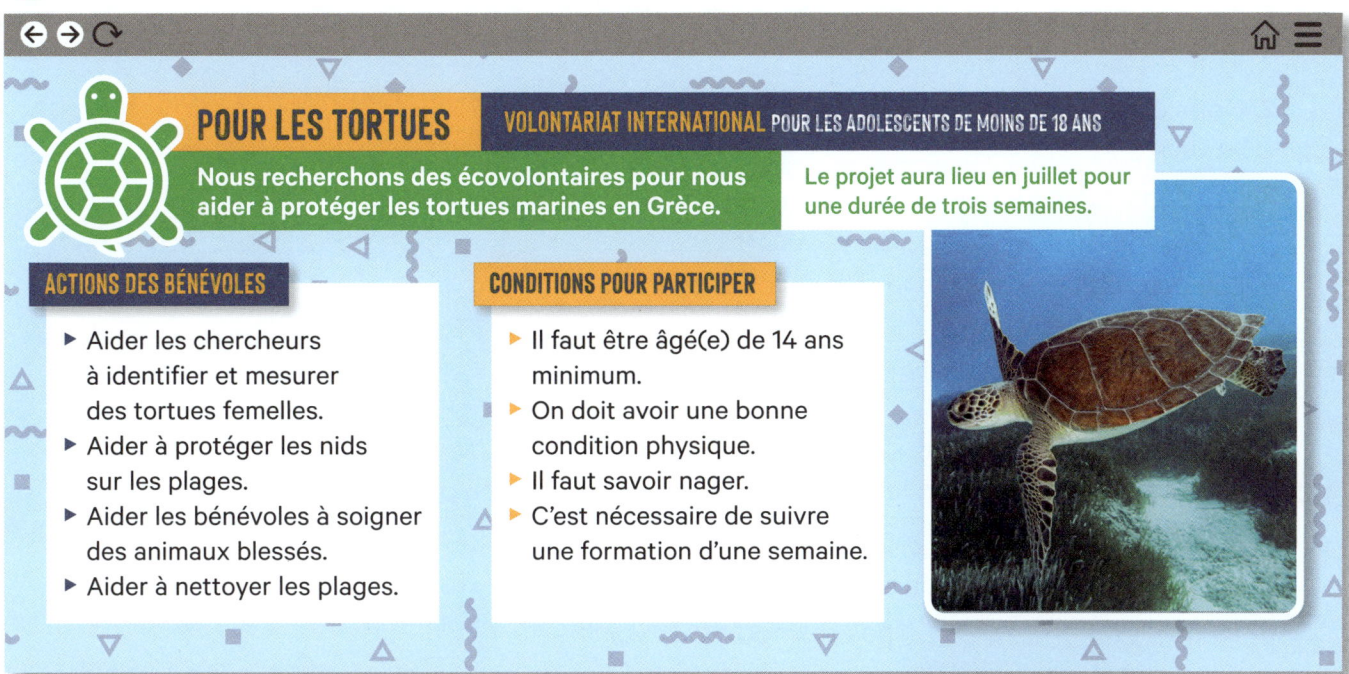

	Vrai	Faux
1. Ce projet solidaire a lieu en automne.		
2. Les écovolontaires vont travailler sur la plage.		
3. Noé a 13 ans. Il peut participer au projet.		
4. Ce n'est pas nécessaire de savoir nager pour participer.		
5. Les volontaires doivent suivre une formation.		

B Complète le texte de ce site pour donner envie à d'autres jeunes de devenir bénévoles.

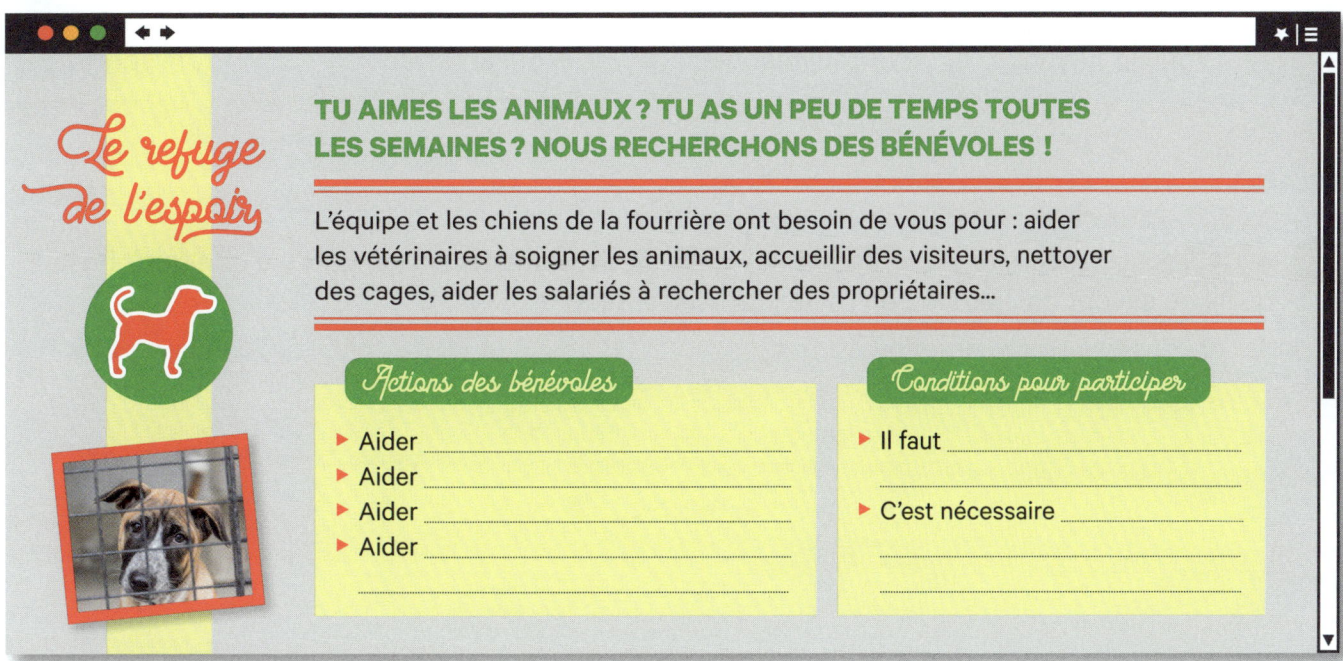

Leçon 3 ▶ Je parle de mes capacités et de mes connaissances

1. QU'EST-CE QUE JE SAIS FAIRE ?

A Réécris les phrases à la personne demandée.

1. Ils savent parler chinois.
   → Il sait parler chinois.
2. Nous connaissons bien nos voisines.
   → Je _____
3. Ils connaissent ce poème par cœur.
   → Vous _____
4. Elle connaît toutes les joueuses du club de foot.
   → Tu _____
5. Vous ne savez pas cuisiner.
   → Elle _____

B Complète les phrases avec les verbes *savoir* ou *connaître* au présent.

1. Je _____ jouer de la guitare.
2. Il _____ des séries françaises.
3. Tu ne _____ pas tes nouveaux voisins.
4. Ma mère _____ bricoler. Elle _____ tout : l'électricité, les voitures, la peinture !
5. Mon grand-père ne _____ pas parler anglais.
6. Je _____ beaucoup de danses différentes.

C 🔊15 Écoute Romane qui présente sa famille et associe chaque membre au profil qui correspond : *sa mère, son père, sa sœur Julia, son frère Marc*.

1	2	3	4
Profil linguistique	Profil manuel	Profil artistique	Profil sportif

D 🔊15 Écoute encore la présentation de la famille de Romane. Est-ce qu'il y a quelque chose qu'ils ne savent pas faire ou qu'ils ne connaissent pas ?

Le père de Romane ne connaît rien à l'art.

2. ÉCHANGE DE SERVICES

A Entoure la bonne réponse.

1. Magalie ne sait pas **à / ø / avec** nager. Elle va **à / ø / avec** apprendre **à / ø / avec** nager. Je vais aider **à / ø / avec** Magalie.
2. Je vais **à / ø / avec** apprendre **à / ø / avec** tricoter **à / ø / avec** ma grand-mère.
3. Tu aides **à / ø / avec** tes parents **à / ø / avec** ranger le garage.
4. L'association aide **à / ø / avec** les migrants **à / ø / avec** apprendre **à / ø / avec** le français.
5. Les volontaires vont aider **à / ø / avec** des enfants **à / ø / avec** partir en vacances.
6. Ma mère aide **à / ø / avec** mon petit frère **à / ø / avec** faire ses devoirs.
7. Il faut **à / ø / avec** apprendre **à / ø / avec** par cœur **à / ø / avec** la chanson.
8. La conseillère d'orientation va **à / ø / avec** t'aider **à / ø / avec** trouver des études qui te correspondent.

B Mets les lettres dans le bon ordre pour trouver des activités.

1. RETICROT — T_____
2. NIPREDE — P_____
3. BEUQFIRAR — F_____
4. SARDEN — D_____
5. LOREBCIR — B_____
6. AGREN — N____
7. ODURCE — C_____
8. RENSESID — D_____

C 🔊 16 Écoute Romane parler de sa meilleure amie. Qu'est-ce qu'elle sait faire ? Qu'est-ce qu'elle connaît ? Coche les bonnes images.

Autoévaluation

Je sais exprimer une nécessité.

1 Complète avec les expressions suivantes : *il faut, c'est nécessaire, pour*.
a. _____ devenir traducteur/trice, _____ parler deux langues et _____ de faire des études de traduction.
b. _____ aimer l'histoire et _____ d'étudier cinq années à l'université _____ travailler comme archéologue.

Je sais parler des études et des métiers.

2 Associe les mots aux définitions.

a. Conseiller d'orientation
b. Baccalauréat
c. Bénévole
d. Coiffeuse
e. Journaliste
f. Licence

1. Personne qui écrit des articles dans les médias
2. Femme qui travaille dans un salon de coiffure
3. Personne qui aide les élèves à choisir leurs études
4. Examen à la fin du lycée
5. Personne qui participe à des projets solidaires
6. Bac+3

Je sais faire des projets.

3 Complète les phrases avec les marqueurs temporels du futur : *prochain, prochaine, dans, demain*, et les verbes au futur proche : *faire, partir, participer, réserver*.
a. La semaine _____ , nous _____ du ski en famille.
b. Samedi _____ , tu _____ à un projet solidaire.
c. _____ cinq jours, mon ami _____ en vacances chez ses grands-parents.
d. Aujourd'hui, je ne peux pas aller à la gare, mais _____ je _____ mon billet de train.

Je sais parler de mes capacités et connaissances.

4 Entoure la bonne forme verbale.
a. Je **sais / connais** par cœur tout le lexique de l'unité 4.
b. Elle **ne sait pas / ne connaît pas** les associations de son quartier.
c. Tu **sais / connais** jouer au volley.
d. Il **ne sait pas / ne connaît pas** parler allemand.
e. On **sait / connaît** jouer d'un instrument de musique.

5
Sur la route

Strasbourg
France

Teste tes connaissances avant de commencer ! Fais les activités.

A Transforme le verbe *vouloir* pour demander plus poliment.
Je veux un tajine de poulet. → Je ... .

B Écris des phrases au futur proche.
1. Regarder la télé avec mon frère.
   → Je ... .
2. Devenir une star du rock.
   → Tu ... .
3. Partir au Canada.
   → Nous ... .

C Barre l'intrus parmi ces actions solidaires.
s'engager • accompagner • participer • vendre • collaborer

Petite France, Strasbourg.

Leçon 1 ▶ Je raconte mes voyages

1. LE PASSÉ COMPOSÉ AVEC *AVOIR*

A 🔊 17 Passé composé ou présent ? Écoute et souligne la phrase entendue.
1. <u>Je mange du saumon.</u> • J'ai mangé du saumon.
2. J'adore ce quartier. • J'ai adoré ce quartier.
3. Je fais du cheval. • J'ai fait du cheval.
4. Je visite le centre-ville. • J'ai visité le centre-ville.
5. Je goûte une spécialité. • J'ai goûté une spécialité.

B Associe les débuts aux fins des phrases.

1. Tu
2. J'
3. Mon frère et moi
4. Mes parents
5. Le cheval

A. as fait un blog sur tes voyages.
B. ont visité toute l'Amérique du Sud.
C. ai vu des animaux sauvages.
D. a mangé mes gâteaux.
E. avons adoré la cuisine locale.

C Réécris les phrases au passé composé.
1. J'adore mon voyage en Chine. → ....
2. Tu fais beaucoup d'excursions. → ....
3. Nous visitons le centre-ville. → ....
4. Elles voient des paysages extraordinaires. → ....
5. On goûte des plats typiques. → ....

D Capucine raconte sa semaine à Strasbourg. Fais des phrases au passé composé avec les éléments donnés.
1. dans le parc • avec mes amis • faire du vélo
   Avec mes amis, nous avons fait du vélo dans le parc.
2. en bateau • le quartier de la Petite France • visiter • avec mes parents
   ....
3. manger • dans une boulangerie • un kouglof • à 16 heures
   ....
4. le Parlement européen • voir • avec ma classe • mardi
   ....

2. J'AI ADORÉ MES VACANCES !

A Quelles activités on peut faire dans ces villes de France ?
Coche les bonnes cases pour chaque ville.

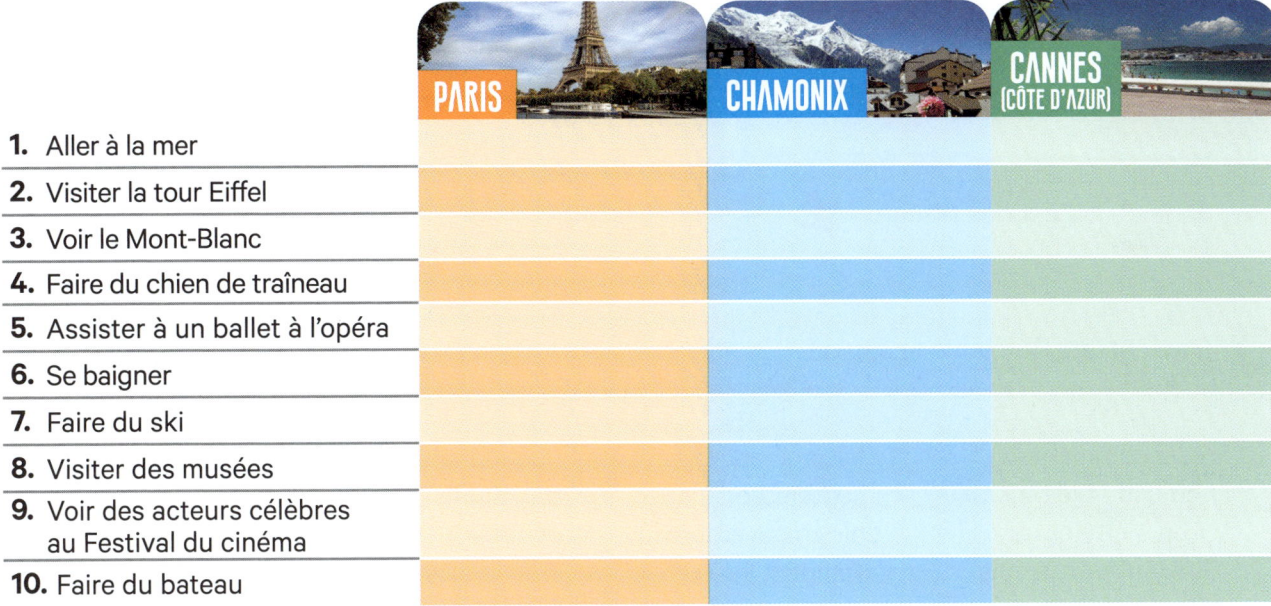

	PARIS	CHAMONIX	CANNES (CÔTE D'AZUR)
1. Aller à la mer			
2. Visiter la tour Eiffel			
3. Voir le Mont-Blanc			
4. Faire du chien de traîneau			
5. Assister à un ballet à l'opéra			
6. Se baigner			
7. Faire du ski			
8. Visiter des musées			
9. Voir des acteurs célèbres au Festival du cinéma			
10. Faire du bateau			

B 🔊 18 Écoute Marius, le copain de Capucine, parler de ses vacances idéales.
Quelle est la meilleure destination pour lui : Paris, Chamonix ou Cannes ?

Marius pourrait partir en vacances à _____ parce qu'il _____

C Capucine veut venir avec sa famille dans ta ville pour les vacances d'été.
Réponds à son message.

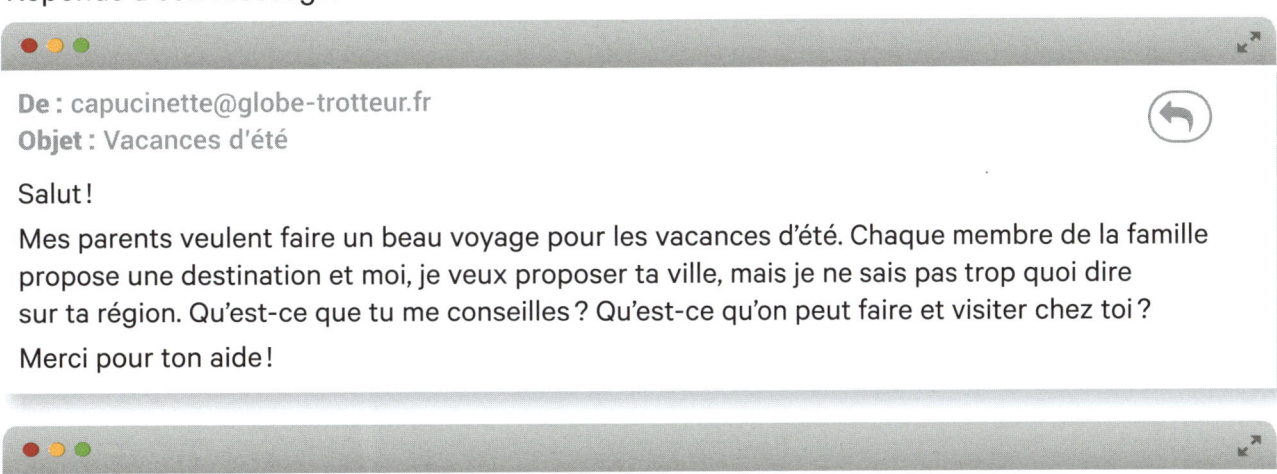

De : capucinette@globe-trotteur.fr
Objet : Vacances d'été

Salut !
Mes parents veulent faire un beau voyage pour les vacances d'été. Chaque membre de la famille propose une destination et moi, je veux proposer ta ville, mais je ne sais pas trop quoi dire sur ta région. Qu'est-ce que tu me conseilles ? Qu'est-ce qu'on peut faire et visiter chez toi ?
Merci pour ton aide !

De :
Objet : Re : Vacances d'été

trente-neuf | 39

Leçon 2 ▸ Je parle du climat

1. QUEL TEMPS IL FAIT ?

A Écris le contraire.

1. 🌡️ Il fait froid. ≠ 🌡️ ....
2. ☀️ Il fait beau. ≠ 🌧️ ....
3. ☁️ Il y a des nuages. ≠ ☀️ ....

B Devinettes. Retrouve la saison.

Je commence en juin et je finis en septembre. Pendant que je suis là, il fait beau et chaud. Je suis la saison préférée des Français parce qu'ils peuvent partir en vacances à la mer quand je suis là.	Je commence en septembre et je finis en décembre. Pendant que je suis là, il ne fait pas très beau, il fait un peu froid et il pleut, la nature prend des couleurs extraordinaires : orange, rouge, jaune.	Je commence en décembre et je finis en mars. Pendant que je suis là, il fait froid et il neige à la montagne. Les Français m'aiment parce qu'ils peuvent faire du ski quand je suis là.	Je commence en mars et je finis en juin. Pendant que je suis là, il ne fait pas froid, mais il ne fait pas très chaud. Il y a beaucoup de fleurs et la nature se réveille.
Qui suis-je ?	Qui suis-je ?	Qui suis-je ?	Qui suis-je ?
....	....	....	....

C 🔊 19 Écoute la météo. Associe les symboles aux villes (attention ! il y a un symbole en trop) et écris la température.

a. ☁️   b. ☀️   c. 🌨️   d. 🌧️   e. 💨

paris ....

strasbourg ....

toulouse ....

lyon ....

2. VOYAGES ET PAYSAGES

A Retrouve les noms de six paysages en associant ces pièces de puzzle.

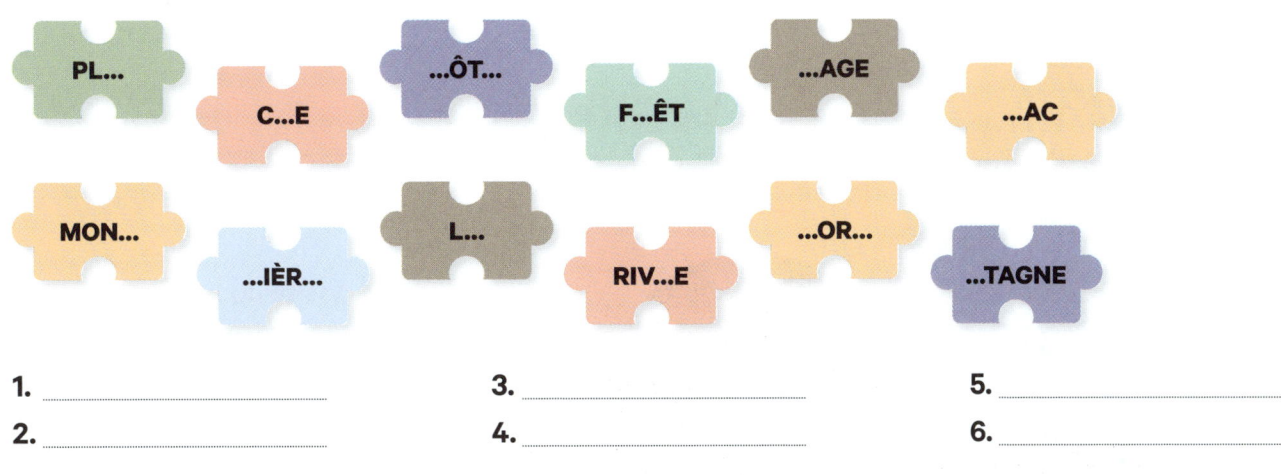

1. _____   3. _____   5. _____
2. _____   4. _____   6. _____

B 🔊 20 Andréa raconte ses vacances en Sicile à Capucine. Écoute le dialogue et coche les bonnes réponses.

1. Andréa a passé de bonnes vacances en Italie.
   ☐ vrai   ☐ faux
2. Il a fait mauvais pendant ses vacances.
   ☐ vrai   ☐ faux
3. Andréa a fait quelles activités ?
   ☐ voir des sites archéologiques   ☐ visiter des villages   ☐ faire du vélo
   ☐ faire une randonnée   ☐ faire du bateau   ☐ se baigner dans la mer
4. Andréa a mangé quels plats ?
   ☐ du poisson   ☐ des pizzas   ☐ des pâtes   ☐ de la glace

C À l'aide des photos et des étiquettes, raconte sur ton blog les dernières vacances de tes grands-parents au Viêt Nam.

| visiter des pagodes | faire du *snorkeling* | voir des rizières | essayer le tai-chi |

| goûter des plats locaux | faire de la randonnée | faire des balades en bateau |

MON BLOG VOYAGE

Facebook
Twitter

MES VOYAGES

CONTACT

#HASHTAGS

18 AVRIL 2022

Le voyage au Viêt Nam de mes grands-parents
Mes grands-parents sont très cool ! Ils sont de retour du Viêt Nam, où ils ont fait plein de choses…

♥ 856 J'aime

Leçon 3 ▶ Je conseille des activités à faire

1. QU'EST-CE QU'ON PEUT FAIRE ?

A Lis l'affiche du centre de loisirs du parc et coche les affirmations qui sont vraies.

☐ C'est un programme pour les jeunes
☐ On peut apprendre à faire du skate
☐ On peut faire du ski
☐ On peut assister à des spectacles
☐ On peut aller au cinéma
☐ On peut réserver par téléphone

B Écris quelques conseils pour faire les activités du centre de loisirs du parc. Aide-toi des étiquettes.

| prendre des gants pour aller à la patinoire | réserver votre place avant le 20 décembre |

| prendre le tram ou le bus pour arriver au centre |

....
....
....

C Entoure la bonne préposition.
1. Le mieux, c'est **de / pour / à** faire du camping sur la plage.
2. Le plus intéressant **de / pour / à** découvrir les traditions en Alsace, c'est **de / d' / pour** visiter le Musée alsacien à Strasbourg.
3. Quand il fait chaud, l'idéal **de / d' / pour** se rafraîchir, c'est **de / d' / pour** aller à la piscine du Wacken.
4. L'office de tourisme conseille **de / pour / aux** familles **de / d' / pour** assister aux concerts de Noël.

2. ÇA SE TROUVE OÙ ?

A Écris au moins six phrases pour décrire ce paysage.

Il y a une fille et sa moto au premier plan.

B 🔊 21 Où se trouve le trésor ? Écoute et fais une croix pour le signaler sur l'illustration de l'activité A.

C Entoure les huit adjectifs qui se placent normalement devant le nom qu'ils caractérisent.

VIEUX MULTICOLORE EXOTIQUE BEAU
PARFUMÉ DÉLICIEUX IDÉAL CHAUD JEUNE
GÉNIAL PETIT INTÉRESSANT GRAND MAUVAIS
SPORTIF BLEU TRADITIONNEL AGRÉABLE
DIFFICILE NOUVELLE JOLI MAGNIFIQUE

D Réécris les phrases avec le ou les adjectifs. Fais attention à sa/leur place.
1. C'est un jardin **(beau)**. → C'est un beau jardin.
2. Nous avons fait un voyage **(intéressant)**. →
3. J'ai fait des photos **(belles)**. →
4. Il mange une pizza **(grande)**. →
5. C'est une idée **(mauvaise)**. →
6. On a visité le marché **(vieux)**. →
7. Vous goûtez des plats **(traditionnels)**. →
8. J'ai vu des fruits **(jolis – exotiques)**. →

Autoévaluation

Je sais raconter au passé.

1 Conjugue les verbes au passé composé.

Pendant les dernières vacances, nous _____ (voyager) au Canada.
J' _____ (adorer) les paysages. Nous _____ (visiter)
des endroits magnifiques. Mon grand frère _____ (faire)
de la motoneige et moi, j' _____ (faire) du chien de traîneau.
Nous _____ (voir) les chutes du Niagara,
et j' _____ (manger) beaucoup de *pancakes*.

Je sais parler de la météo.

2 Écris quel temps et quelle température il fait dans chaque ville.

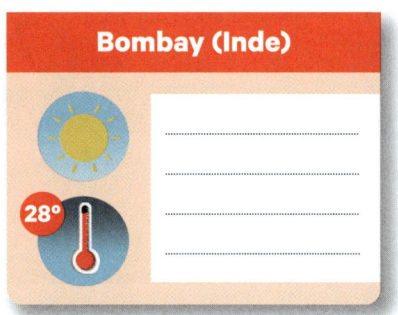

Je sais donner des conseils.

3 Complète les conseils du blog d'Emma avec : *le mieux, le plus, je conseille, l'idéal*.

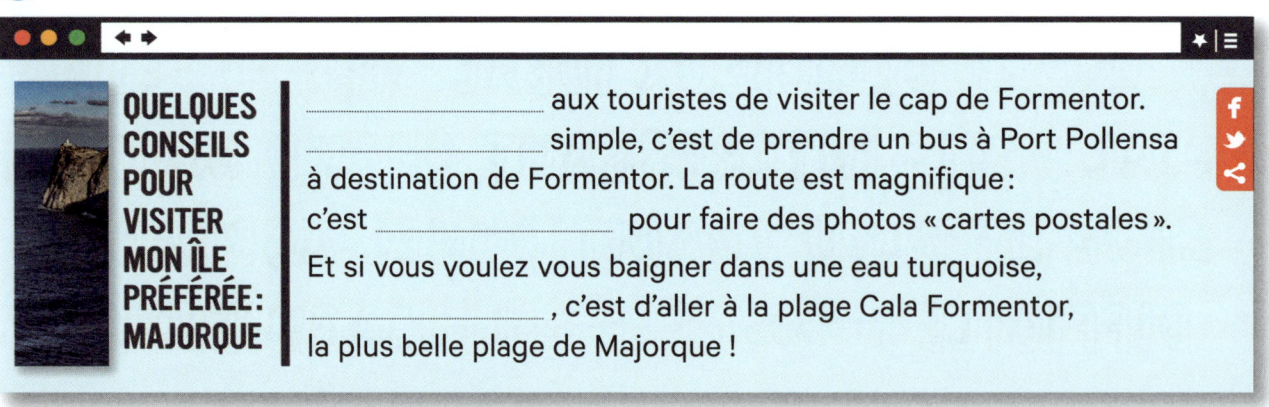

QUELQUES CONSEILS POUR VISITER MON ÎLE PRÉFÉRÉE : MAJORQUE

_____ aux touristes de visiter le cap de Formentor.
_____ simple, c'est de prendre un bus à Port Pollensa
à destination de Formentor. La route est magnifique :
c'est _____ pour faire des photos « cartes postales ».
Et si vous voulez vous baigner dans une eau turquoise,
_____, c'est d'aller à la plage Cala Formentor,
la plus belle plage de Majorque !

Je sais placer les adjectifs qualificatifs.

4 Barre l'adjectif qui est mal placé dans la phrase.
a. J'ai visité un **grand / naturel** parc **grand / naturel**.
b. C'est un musée **historique / nouveau** avec des objets **intéressants / vieux** pour découvrir les traditions.
c. Hong Kong est une **belle / moderne** ville avec des tours **belles / modernes**.
d. Nous avons fait une **sportive / petite** randonnée dans les montagnes.
e. J'ai acheté de **jolis / colorés** tissus **jolis / colorés**.

6 Recyclons !

Teste tes connaissances avant de commencer ! Fais les activités.

A Conjugue les verbes au passé composé.
1. Hier, mon père ... **(courir)** 10 km.
2. Nous ... **(manger)** au restaurant samedi dernier.
3. Tu ... **(fêter)** tes 14 ans la semaine dernière ?

B Quel temps fait-il ?

Vue sur Abidjan.

Leçon 1 ▶ Je parle du tri des différents matériaux

1. JE TRIE MES DÉCHETS

A 🔊 22 Écoute le dialogue et réponds aux questions.

1. Karidja trie ses déchets.
   ☐ Vrai ☐ Faux

2. Dans quelle poubelle la famille de Karidja jette les déchets en plastique et en carton ?
   ....

3. Où se trouve le bac à compost ?
   ....

4. Quels déchets sont utilisés pour faire le compost ?

   A **B** **C** **D**

5. Il y a une poubelle pour le verre chez Karidja.
   ☐ Vrai ☐ Faux

B Associe les débuts aux bonnes fins de phrases.

1 Nous	A jette son chewing-gum par terre.
2 Lucile	B jetons les piles dans le bac de collecte du supermarché.
3 Moi, je	C ne jettes pas ton sac plastique dans la mer.
4 Les Japonais	D jette toujours mes déchets à la poubelle.
5 Tu	E ne jettent rien dans la rue.

C Gabin explique les bons gestes à adopter pour nos déchets. Complète le texte avec les mots suivants : *recycler, en (x2), métal, déchets, jeter, tri*.

> Nous pouvons tous faire quelque chose pour l'environnement.
> Tout d'abord, il ne faut rien _____ dans la rue ! J'utilise toujours les poubelles publiques.
> Ensuite, à la maison, il y a différents bacs pour faire le _____ sélectif !
> Par exemple, on met les bouteilles _____ plastique, les papiers, le _____ et les emballages _____ carton dans le bac jaune.
> Comme ça, on peut _____ ces produits, c'est-à-dire réutiliser les matériaux.
> Enfin, je fais attention à limiter mes _____ !
> En France, un habitant produit 1 kg de déchets par jour : c'est trop !

2. LES ÉNERGIES VERTES

A Observe ces photos et réponds aux questions.

1. Comment s'appellent ces trois dispositifs qui permettent de créer de l'énergie propre ? Écris le nom sous la photo qui correspond.
2. Quelle source d'énergie utilise chacun de ces dispositifs ?

3. Quelles autres sources d'énergie tu connais ?

B Quel véhicule est le moins polluant ? Entoure le numéro et justifie ta réponse comme dans l'exemple.

Le traîneau pollue moins parce qu'il utilise la traction animale comme énergie.

Leçon 2 ▸ Je parle d'objets créés à partir d'autres objets

1. LES MOTS INTERROGATIFS

A Coche la réponse qui correspond à la question.

1. C'est fait avec quoi ?
   - ☐ C'est fabriqué avec de vieux pots de confiture en verre !
   - ☐ Tu découpes différentes formes et tu les colles.

2. Tu as fait comment pour les couleurs ?
   - ☐ J'ai utilisé de la peinture.
   - ☐ Je suis allé(e) à la librairie.

3. Est-ce que c'est facile à fabriquer ?
   - ☐ C'est de la récup', j'ai pris des cartons d'emballage.
   - ☐ Oui ! Très facile : il faut juste être patient(e).

4. Tu as trouvé cette idée où ?
   - ☐ Dans un livre avec plein d'idées créatives.
   - ☐ J'ai récupéré des pailles en plastique.

B Réécris les questions avec *est-ce que*.

1. Tu aimes dessiner ? → Est-ce que tu aimes dessiner ?
2. C'est difficile à faire ? → _____
3. Tu as créé ce bijou toi-même ? → _____
4. Tu es créative ? → _____
5. Tu aimes ma nouvelle décoration ? → _____
6. On peut utiliser des bouteilles d'eau ? → _____

C Regarde les photos, lis les réponses, et imagine quelle question a été posée.

- _____ ?
  ○ J'ai utilisé un coude en PVC, une ampoule à LED, une douille à visser, un câble interrupteur avec sa prise et une bombe de peinture aérosol.

- _____ ?
  ○ J'ai peint le coude avec la bombe et j'ai connecté le câble à la douille. Après, j'ai vissé l'ampoule dans sa douille et j'ai rentré l'ampoule et le câble dans le coude en PVC.

- _____ ?
  ○ Sur un blog, sur Internet.

- _____ ?
  ○ Non, mais il faut un peu de temps pour laisser sécher la peinture.

Douille à visser

Ampoule à LED

Câble interrupteur

Coude en PVC

Bombes de peinture aérosol

6

2. SOYONS CRÉATIFS / CRÉATIVES !

A Écris le nom des outils. Tu peux t'aider d'un dictionnaire.

1. ....
2. ....
3. ....
4. ....
5. ....
6. ....

B Quel(s) objet(s) est-ce que tu pourrais fabriquer avec les outils de l'activité A ?

....
....
....
....

C Complète les instructions de Sékou avec des connecteurs chronologiques. Devine quel est l'objet que Sékou propose de fabriquer parmi les trois photos ci-dessous.

On le fabrique comment ? C'est facile et rapide !

1. .... tu découpes une brique de jus de fruits.
2. .... tu entoures la brique avec un papier et tu le colles avec du ruban adhésif.
3. .... tu décores le papier.
4. .... tu ajoutes de l'eau et des fleurs.

A    **B**    **C**

D 🔊 23 Écoute le tutoriel complet de Sékou pour vérifier tes réponses à l'activité C.

quarante-neuf | **49**

Leçon 3 ▸ Je parle du recyclage des vêtements

1. LES PRONOMS COD

A Lis les devinettes et associe-les à la bonne réponse.

1. On la porte courte ou longue.
2. Les hommes la mettent parfois avec une cravate.
3. Je les répare quand il y a un trou.
4. Tout le monde l'aime parce que c'est confortable.

a. la chemise
b. les chaussettes
c. la jupe
d. le jean

B Complète le dialogue avec les pronoms suivants : *le*, *la*, *l'* ou *les*.

• Ma chérie, tu as trié tes vieux vêtements pour la collecte ?
○ Oui, maman, regarde ! Mon manteau en laine, je _____ donne. Ces chaussures de sport, elles sont trop petites, je _____ donne aussi.
• Et cette jupe ? Tu ne _____ portes plus maintenant ?
○ C'est vrai, mais je _____ adore… Je peux _____ garder, s'il te plaît ?
• D'accord, si tu veux !
○ Enfin, je peux donner le pull rouge.
• Le pull rouge ? Tu veux _____ donner ? Mais mamie _____ a fait spécialement pour toi !

C Sékou et Yaho n'aiment pas les mêmes vêtements. Fais des phrases en utilisant des pronoms compléments, comme dans l'exemple.

Le pantalon à rayures, Sékou le déteste mais Yaho l'aime bien.

_____
_____
_____

2. À VENDRE !

A Entoure la forme correcte du verbe *vendre*.

1. Nous **vend / vendons** notre collection de chapeaux.
2. Tu **vends / vend** tes vêtements sur Internet.
3. Ce magasin **vend / vendre** des vêtements neufs.
4. Je **vends / vende** mon anorak.
5. Vous **vendez / vende** votre robe.
6. Ils **vendent / vends** leurs vêtements trop petits

B 🔊 24 Qui vend quoi ? Écoute les descriptions et écris le numéro du document audio qui correspond à chaque photo. Attention, il y a une photo en trop !

C Imagine l'annonce pour vendre le vêtement qui reste de l'activité B.

Taille : _____   Prix : _____   État : _____
Description : _____

D Complète le texte avec *ce*, *cette*, *cet* ou *ces*.

J'ai fait du tri dans ma garde-robe ! Je vais donner à la collecte _____ tee-shirts trop petits pour moi. Et puis, je donne aussi _____ chemise à motifs. Je n'aime pas la forme. Mais _____ pull et _____ chaussures sont à recycler. Ils sont trop abîmés. Enfin, je vais donner _____ anorak ! Je ne vais pas le porter _____ hiver parce que j'ai acheté un nouveau manteau.

Autoévaluation

Je sais conjuguer les verbes *jeter* et *vendre*.

1 Conjugue les verbes *jeter* ou *vendre* au présent.
   a. Cette école est écolo ! Les enfants _____ leurs déchets dans différentes poubelles après les cours, et le distributeur automatique _____ des produits bio.
   b. Nos voisins _____ tous leurs vêtements d'hiver à petits prix parce qu'ils vont déménager à l'île de La Réunion.
   c. Un Français sur trois _____ ses déchets par la fenêtre de la voiture.
   d. Nous _____ sur Internet des objets de récupération fabriqués à partir de déchets.

Je sais parler des travaux manuels et créatifs.

2 Entoure l'intrus dans chaque liste.
   a. couper • coller • feutre • peindre
   b. ciseaux • aluminium • verre • plastique
   c. pinceau • dessiner • colle • fil
   d. découper • fabriquer • peinture • décorer
   e. à pois • en carton • uni(e) • à rayures

Je sais utiliser les pronoms COD.

3 Complète les réponses avec *le*, *la*, *les* ou *l'*.
   a. • Est-ce que tu mets le tee-shirt rouge ?
      ○ Oui, je _____ mets pour faire du sport.
   b. • Où tu as acheté ton pull bleu ?
      ○ Je _____ ai acheté dans une petite boutique.
   c. • Tu décores la jupe avec quoi ?
      ○ Je _____ décore avec des bandes de différents tissus.
   d. • Tu répares tes vieilles chaussures ?
      ○ Je _____ répare quand elles ne sont pas trop abîmées.

Je sais utiliser les démonstratifs.

4 Réécris les phrases en mettant les noms au pluriel au singulier ou les noms au singulier au pluriel.
   a. Je n'aime pas ces vêtements. → _____
   b. Je me sens bien dans ce tee-shirt. → _____
   c. Je vends ces anoraks. → _____
   d. Je ne porte pas ces jupes. → _____
   e. Je ne veux pas jeter ces écharpes. → _____
   f. J'ai acheté ces panneaux solaires à un bon prix. → _____

Préparation au DELF A1.2

Nature des épreuves

2 ÉPREUVES → 2 CONVOCATIONS POUR L'EXAMEN :

1 LES ÉPREUVES COLLECTIVES
Elles sont composées de trois parties :
- la compréhension de l'oral
- la compréhension des écrits
- la production écrite

2 L'ÉPREUVE INDIVIDUELLE de production et d'interaction orales
Elle est composée de trois parties :
- l'entretien dirigé
- l'échange d'informations
- le dialogue simulé

NATURE DES ÉPREUVES	DURÉE TOTALE : 1h 25	NOTE SUR 100
ÉPREUVES COLLECTIVES		
COMPRÉHENSION DE L'ORAL (CO) Réponse à des questionnaires portant sur cinq courts documents enregistrés ayant trait à des situations de la vie quotidienne (2 écoutes). Durée maximale des documents : 3 minutes.	20 minutes environ	25
COMPRÉHENSION DES ÉCRITS (CE) Réponse à des questionnaires de compréhension portant sur huit documents relatifs à des situations de la vie quotidienne.	30 minutes	25
PRODUCTION ÉCRITE (PE) Rédaction de brèves productions écrites : • compléter un formulaire, une fiche, etc. • rédiger des phrases simples (cartes postales, légendes, etc.) sur des sujets de la vie quotidienne.	30 minutes	25
ÉPREUVE INDIVIDUELLE		
PRODUCTION ET INTERACTION ORALES (PO) Épreuve en trois parties : • entretien dirigé • échange d'informations • dialogue simulé	10 minutes de préparation (exercices 2 et 3) Passation 5 à 7 minutes	25

Seuil de réussite pour obtenir le diplôme : 50 / 100
Note minimale requise (pour chaque épreuve) : 5 / 25

Compréhension de l'oral 🔊

Vous allez écouter plusieurs documents. Il y a deux écoutes. Avant chaque écoute, vous entendez le son suivant ⏰.

Dans les exercices 1, 2, 3 et 5, pour répondre aux questions, cochez (☒) la bonne réponse.

EXERCICE 1   4 points

🔊 25 Vous entendez ce message sur votre répondeur.
Lisez les questions, puis répondez.

1. Quel jour à lieu la fête ?
❏ Mardi.
❏ Jeudi.
❏ Samedi.

2. La fête est à…
❏ 13 heures.
❏ 16 heures.
❏ 15 heures.

3. Qu'est-ce que vous devez apporter ?
❏   ❏   ❏

4. Vous devez confirmer votre présence avant…
❏ Mardi.
❏ Jeudi.
❏ Samedi.

EXERCICE 2   4 points

🔊 26 Vous êtes dans un supermarché. Vous entendez ce message.
Lisez les phrases, puis répondez.

1. Les promotions spéciales « rentrée » durent…
❏ quinze jours.
❏ une semaine.
❏ un mois.

🔊 Compréhension de l'oral

2. Quels légumes sont à 90 centimes le kilo ?

☐  ☐  ☐

3. Combien coûtent deux kilos de pommes ?
☐ 15 centimes.
☐ 90 centimes.
☐ 1,50 euro.

4. À quelle heure ferme le magasin ?

☐  ☐  ☐

EXERCICE 3   *4 points*

🔊 27 Vous entendez ce message sur un répondeur.
Lisez les questions, puis répondez.

1. Du lundi au samedi, l'office de tourisme est ouvert le matin jusqu'à…
☐ 8 h 30.
☐ 13 h 30.
☐ 12 h 30.

2. Le dimanche, l'office de tourisme ferme à…
☐ 16 h 30.
☐ 18 h 30.
☐ 13 h 30.

3. Pour le bureau des guides, il faut composer le…
☐ 1.
☐ 2.
☐ 3.

4. Pour avoir d'autres informations, il faut…
☐ composer le 1.
☐ aller sur le site internet.
☐ prendre rendez-vous.

Compréhension de l'oral

EXERCICE 4   8 points

🔊 28 Vous allez entendre quatre petits dialogues correspondant à quatre situations différentes. Il y a quinze secondes de pause après chaque dialogue. Notez, sous chaque image, le numéro du dialogue qui correspond. Puis, vous allez entendre à nouveau les dialogues. Vous pouvez compléter vos réponses. Regardez bien les images. Attention, il y a six images mais seulement quatre dialogues.

a. Situation n° …   **b.** Situation n° …   **c.** Situation n° …

d. Situation n° …   **e.** Situation n° …   **f.** Situation n° …

EXERCICE 5   5 points

🔊 29 Vous allez entendre un message. Quels objets sont mentionnés dans le message ? Vous entendez le nom de l'objet ? Cochez oui (☒). Sinon, cochez non (☒). Puis, vous allez entendre à nouveau le message. Vous pouvez compléter vos réponses.

☐ Oui.   ☐ Non.   ☐ Oui.   ☐ Non.   ☐ Oui.   ☐ Non.

☐ Oui.   ☐ Non.   ☐ Oui.   ☐ Non.

Compréhension des écrits

Pour répondre aux questions, cochez (☒) la bonne réponse.

EXERCICE 1
6 points

Vous recevez cet e-mail de votre amie francophone.
Lisez le document, puis répondez aux questions.

De : Pauline_dessange@globe-trotteur.fr
Objet : Tu es libre mercredi ?

Coucou !
Comment ça va ?
Est-ce que tu veux venir avec moi, Andréa et Lola faire du shopping mercredi ?
Je voudrais acheter une jupe, Andréa, des chaussures et Lola, un pantalon.
Elles viennent chez moi à 14 heures. Les magasins ouvrent à 15 h 30.
Tu peux nous rejoindre à 15 heures sur la place du Marché devant le cinéma.
On mangera une glace avant d'aller faire les achats.
Téléphone-moi pour confirmer. Ne m'envoie pas de mail.
Bisous !
Pauline

---

1. Que vous propose Pauline ?
   ☐ D'aller au cinéma.
   ☐ D'aller au marché.
   ☐ De faire du shopping.

2. À quelle heure elle vous donne rendez-vous ?
   ☐ À 14 heures.
   ☐ À 15 heures.
   ☐ À 15 h 30.

3. Où vous avez rendez-vous ?
   ☐ Chez Pauline.
   ☐ Devant un magasin.
   ☐ Devant le cinéma.

4. Que veut acheter Pauline ?

   ☐    ☐    ☐

5. Pour confirmer, vous devez…
   ☐ téléphoner.
   ☐ envoyer un e-mail.
   ☐ envoyer un SMS.

Compréhension des écrits

EXERCICE 2 *6 points*

Vous recevez cet e-mail de votre ami Gabin. Lisez le document, puis répondez aux questions.

De : gabin_r@globe-trotteur.fr
Objet : Fête samedi

Salut !

Comment vas-tu ? J'espère que tout va bien pour toi et ta famille.

Samedi, j'organise une fête chez moi. Pour venir, c'est facile ! Prends le bus numéro 15 sur la place de l'Église et descends à l'arrêt numéro 8 « Médiathèque ». Tu dois prendre la première rue à droite et marcher le long de la piscine. Puis, tu prends la première rue à gauche jusqu'au café. À l'angle du café, prends à gauche. J'habite au numéro 9, en face de l'hôtel de ville, à gauche du vétérinaire.

Viens à 18 h 30. Je compte sur toi !

À samedi !

Gabin

1. Samedi, Gabin vous invite…
   ❒ à la médiathèque.   ❒ à la piscine.   ❒ à une fête.

2. Vous devez prendre le bus numéro…
   ❒ 8.   ❒ 9.   ❒ 15.

3. Où est-ce que vous devez prendre le bus ?
   ❒ Sur la place de l'Église.   ❒ En face de l'hôtel de ville.   ❒ À gauche du vétérinaire.

4. Quel itinéraire propose Gabin pour aller de l'arrêt de bus à sa maison ?

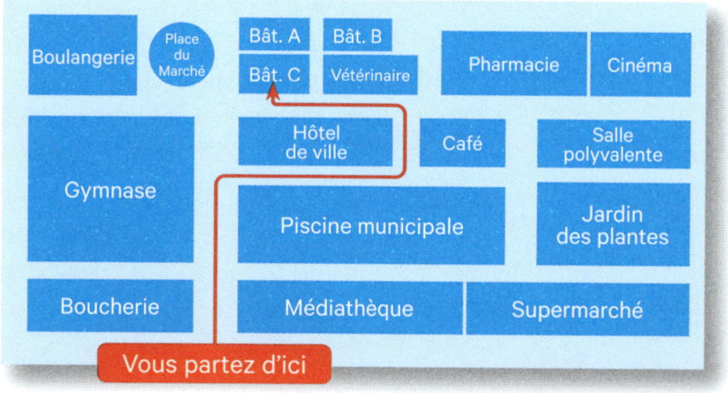

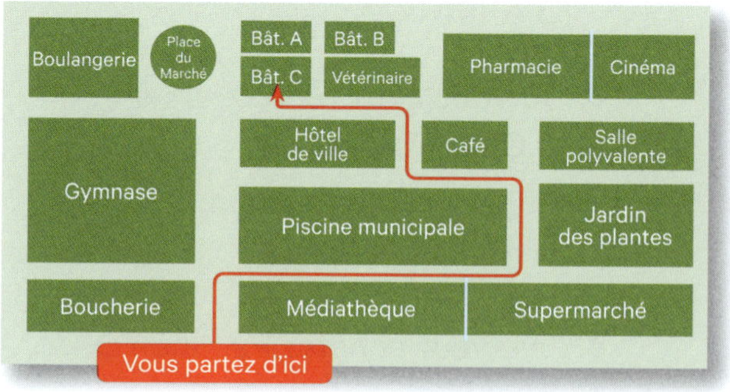

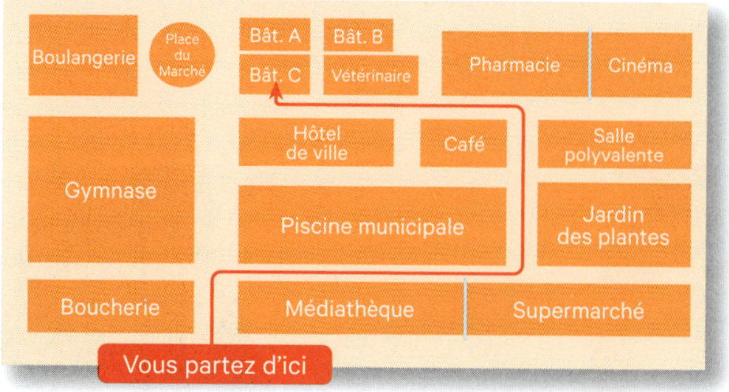

5. Gabin habite…
   ❒ en face du café.
   ❒ en face du vétérinaire.
   ❒ en face de l'hôtel de ville.

Compréhension des écrits

EXERCICE 3 *6 points*

Vous êtes dans un hôtel français et vous lisez ces informations dans le hall d'entrée.
Répondez aux questions.

Hôtel ★★★ Les Bambous

La réception est ouverte de **8h à 13h** et de **14h30 à 23h** du lundi au samedi. Le dimanche matin de **8h à 11h**.

Le petit déjeuner buffet est servi à partir de 9h et jusqu'à 9h dans la salle du restaurant. Pas de service en chambre.

COURS DE YOGA (1ER ÉTAGE) MERCREDI ET SAMEDI DE 10H JUSQU'À 18H30. RÉSERVATION OBLIGATOIRE AVANT 10H.

Le spa situé au sous-sol est ouvert tous les jours de 10h à 12h et de 15h30 à 22h30. Accès libre sans rendez-vous.

La bagagerie se trouve à côté du hall. Elle est fermée l'après-midi. Pensez à récupérer vos valises avant 10h.

1. La réception ouvre…
   - ❏ du lundi au samedi.
   - ❏ le week-end.
   - ❏ tous les jours.

2. On peut prendre le petit déjeuner jusqu'à quelle heure ?
   - ❏ Jusqu'à 10 heures.
   - ❏ Jusqu'à 8 heures.
   - ❏ Jusqu'à 9 heures.

3. Il est obligatoire de réserver pour…
   - ❏ le spa.
   - ❏ le yoga.
   - ❏ la bagagerie.

4. Où se trouve le spa ?
   - ❏ Au 1er étage.
   - ❏ À côté du hall.
   - ❏ Au sous-sol.

5. Vous pouvez accéder à la bagagerie jusqu'à quelle heure ?
   - ❏ Jusqu'à 10 heures.
   - ❏ Jusqu'à 13 heures.
   - ❏ Jusqu'à 14h30.

Compréhension des écrits

EXERCICE 4 7 points

Vous êtes chez votre ami(e) français(e). Vous lisez cet article dans son journal favori. Lisez le document et répondez aux questions.

Une fresque pour parler du réchauffement climatique

Deux élèves du collège Jules-Ferry de Marseille ont créé une fresque sur le climat.

Irène et Sonia ont participé à un atelier de trois heures au début du mois de février. L'atelier a été organisé par l'association de leur quartier dans une salle de la mairie du VIIe arrondissement. L'objectif : relier les activités humaines (manger de la viande, se déplacer en voiture...) à leurs conséquences sur l'environnement (pollution, émission de CO_2...). Irène et Sonia ont créé une fresque avec des dessins magnifiques qui expliquent le réchauffement climatique.

Elles ont fait une présentation de leur travail à leur classe en avril et le directeur du collège a aimé l'idée. Il a donc décidé de faire réaliser une fresque à tous les élèves du collège. L'exposition de la fresque des collégiens aura lieu dans la cour du collège à partir du mois de juin.

1. Irène et Sonia ont participé à...
   ❏ une fête
   ❏ un atelier sur le réchauffement climatique.
   ❏ une présentation

2. Qui a organisé cette activité ?
   ❏ La mairie. ❏ Le collège. ❏ Une association.

3. Quel est l'objectif principal de cette activité ?
   ❏ Relier les activités humaines et leurs conséquences.
   ❏ Réaliser des dessins magnifiques.
   ❏ Faire une présentation à la classe.

4. Quand a eu lieu la présentation de Sonia et Irène ?
   ❏ En février. ❏ En avril. ❏ En juin.

5. Où aura lieu l'exposition de la fresque des collégiens ?

 **Production écrite**

EXERCICE 1   *10 points*

Vous voulez vous inscrire à un club de photographie en France.
Vous remplissez ce formulaire d'inscription.

CLUB DE PHOTOGRAPHIE

Nom : ....
Prénom : ....
Date de naissance : ....
Nationalité : ....
Adresse : ....
Pays : ....
Téléphone : ....
E-mail : ....
Quelle est votre couleur préférée ? ....
Quels sont vos loisirs préférés ? ....
Vous êtes libre quel(s) jour(s) ? ....

EXERCICE 2   *15 points*

Vous écrivez à votre correspondant(e) francophone. Vous lui parlez de votre activité préférée. Vous dites quand vous avez commencé à la pratiquer (à quel âge ?), quel(s) jour(s) vous la pratiquez et avec qui (40 à 50 mots).

Production et interaction orales

L'épreuve se déroule en trois parties : un entretien dirigé, un échange d'informations et un dialogue simulé (ou jeu de rôle). Elle dure de 5 à 7 minutes. Vous disposez de 10 minutes de préparation pour les exercices 2 et 3 (échange d'informations et dialogue simulé).

EXERCICE 1   *1 à 2 minutes*

Entretien dirigé

Vous répondez aux questions de l'examinateur/trice sur vous, votre famille, vos goûts ou vos activités.

Exemples : Comment est-ce que vous vous appelez ? Quelle est votre nationalité ?...

→ *Exercice sans préparation*

Exemple de questions :

- Vous vous appelez comment ?
- Comment s'écrit votre nom ?
- Parlez-moi de votre famille. Vous avez des frères et sœurs ? Quel âge ont-ils ?
- Quelle est votre nationalité ?
- Parlez-moi d'une journée habituelle. Vous vous levez à quelle heure ? Vous rentrez à quelle heure à la maison ? Qu'est-ce que vous faites le soir ?
- Comment vous allez au collège ? Quel moyen de transport vous utilisez ?
- Qu'est-ce que vous aimez faire quand vous êtes libre ?
- Vous pratiquez un sport ?
- Qu'est-ce que vous mangez au petit déjeuner ?
- Quel est votre plat préféré ?
- Quelle est votre matière préférée ? Et celle que vous détestez ?
- Avez-vous un animal de compagnie ? Comment il s'appelle ?
- ....

EXERCICE 2   *2 minutes environ*

Échange d'informations

Vous posez des questions à l'examinateur/trice à l'aide des mots écrits sur les étiquettes. Vous ne devez pas réutiliser uniquement le mot mais surtout l'idée.

Exemple : Date de naissance ? → « Vous avez quel âge ? »

Vacances ?	Famille ?	Mathématiques ?	Date de naissance ?	Montagne ?
Sports ?	Dimanche ?	Pays ?	Animal ?	Cinéma ?	École ?	Internet ?
Téléphone ?	Livres ?	Profession ?	Musique ?	Ami(e)s ?	Bibliothèque ?

Production et interaction orales

EXERCICE 3 *2 à 3 minutes*

Dialogue simulé (ou jeu de rôle) : 1 sujet au choix

Vous jouez la situation décrite dans le sujet.
Vous vous informez sur le prix des prestations que vous voulez acheter ou commander.
Vous demandez les quantités souhaitées. Pour payer, vous disposez de photos de pièces de monnaie et de billets.

→ **SUJET 1 : AU MARCHÉ**

Vous êtes sur le marché en France. Vous voulez acheter des fruits et des légumes. Vous demandez des informations sur les prix des produits, vous choisissez et vous payez.

L'examinateur/trice joue le rôle du / de la marchand(e).

→ **SUJET 2 : VOYAGE À NICE**

Vous voulez aller à Nice. Vous allez à la gare routière et vous demandez des renseignements sur les horaires et les prix des autobus. Vous choisissez un jour et un horaire et vous payez.

L'examinateur/trice joue le rôle de l'employé(e) de la gare routière.

→ **SUJET 3 : SORTIE CINÉMA**

Vous voulez aller au cinéma avec votre ami(e) français(e). Vous décidez avec lui / elle du jour, de l'heure et du film. Vous vous mettez d'accord pour un lieu de rendez-vous.

L'examinateur/trice joue le rôle de votre ami(e).

Transcriptions

UNITÉ 1

Piste 1 – Activités 1A et 1B, page 6

A. Ma famille habite à La Guillotière! C'est un quartier très animé et multiculturel. À côté de chez moi, c'est le quartier chinois de Lyon. Il y a des restaurants et des supermarchés chinois: j'adore la cuisine asiatique. Et, au bord du Rhône, il y a un parc avec un skate parc où je vais le week-end faire du vélo et du skateboard avec mes amis.

B. J'habite dans une rue très commerçante de Lyon: c'est la rue de la République dans le quartier des Cordeliers. Il y a beaucoup de magasins, des cafés, une boulangerie, un supermarché et un hôtel. J'adore cette rue, elle est très animée et c'est pratique pour faire du shopping!

C. Il y a beaucoup de choses intéressantes dans mon quartier La Part-Dieu! C'est un quartier moderne. Il y a une grande gare: la gare de Lyon-Part-Dieu. Il y a aussi un centre commercial génial, avec des magasins et des supermarchés… Et surtout il y a des tours parce que c'est le quartier des affaires. Ma tour préférée, c'est la tour Part-Dieu: elle est drôle, elle a la forme d'un crayon.

Piste 2 – Activité 2B, page 9

1. Tourne à droite après le théâtre.
2. Marche jusqu'à la place Bellecour.
3. Prends à gauche la rue de la Charité.
4. Continuez tout droit.
5. Traverse la rue Sala.

Pise 3 – Activité 2C, page 10

1.
- Regarde les peluches et la lampe! Elles sont super cool et ce n'est vraiment pas cher.
- Et ce sac à main! Oh, il est joli, aussi!

2.
- Essaie mon chéri les rouges. J'aime beaucoup la couleur!
- Mais non, maman, je ne veux pas de lunettes rouges!!! Je préfère les noires, c'est plus mon style…

3.
- Alors, qu'est-ce que tu penses de ce tee-shirt? Il est sympa, non?
- Bah… le jaune citron, je n'aime pas du tout, désolée… Moi, je préfère le pull bleu.

Piste 4 – Activité 2A, page 11

1. J'aime bien la mode, mais je ne vais pas souvent dans les grands magasins. Je préfère acheter sur Internet ou dans une braderie! Ce n'est pas cher. Je ne veux pas dépenser beaucoup d'argent pour des vêtements. En général, je vais dans les magasins pour les soldes. Il y a des marques à petits prix!

2. Il faut faire attention à notre impact écologique. Pour les vêtements aussi, j'achète éthique et responsable. C'est-à-dire: 1) j'achète peu de vêtements, 2) je ne vais pas dans les grands magasins et 3) je préfère les matières naturelles. Le prix est cher, mais c'est important de respecter la planète et les êtres humains!

3. Je vais faire les magasins une fois par semaine, seule ou avec mon copain! Nous adorons regarder les nouvelles tendances, essayer des vêtements. Je dépense beaucoup dans les vêtements. Être à la mode et porter de beaux vêtements, c'est très important.

4. Le shopping, ce n'est pas pour moi! Je déteste les centres commerciaux. Quelle horreur! Avec les enfants, nous allons faire les magasins à la rentrée. Nous achetons le strict nécessaire: un pull et un pantalon maximum par personne. On n'a pas besoin de nouvelles choses tout le temps!

UNITÉ 2

Piste 5 – Activité 1B, page 14

Gabin: C'est un monstre gentil. Il a une grosse tête, ronde comme un œuf! Il a une grande bouche, il fait un grand sourire parce qu'il est content. Il a un petit nez. Il a deux yeux sur la tête, en haut, ils sont comme les antennes d'un escargot. Il n'a pas de ventre. Il a deux bras et deux mains. Mais il a uniquement trois doigts. Enfin, il a deux petites jambes. Et il a deux pieds très grands avec quatre doigts de pied.

Piste 6 – Activité 1B, page 16

a. J'écris tout dans mon agenda.
b. Je répète à voix haute à la maison.
c. J'étudie avec mes amis.
d. Je prépare mon sac le soir.
e. Je relis mes cours le soir.

Piste 7 – Activité 2C, page 17

1. On commence avec la posture du guerrier! Avancez le pied droit et pliez le genou droit. La jambe gauche reste tendue derrière. Ouvrez les bras puis étirez les bras à hauteur des épaules. Les bras sont parallèles au sol. Respirez.

2. Maintenant, la posture de la chandelle ! Couchez-vous sur le dos. Vos mains sont le long de votre corps. Montez les jambes à la verticale. Décollez les fesses du sol. Posez vos mains sur le bas du dos pour maintenir la position. Respirez avec le ventre. Enfin, redescendez lentement.
3. La position du lotus est idéale pour la méditation. C'est une posture assise. Assis sur les fesses, croisez les jambes. Le pied droit est placé sous le genou gauche et vice versa. Attention : le dos doit être bien droit. Respirez avec le nez en profondeur.
4. La posture du cobra. Couchez-vous sur le ventre. Joignez les jambes tendues. Vos pieds se touchent. Placez les mains de chaque côté du corps au niveau des épaules. Et poussez sur les bras pour remonter le buste. Regardez droit devant vous.
5. Pour ce dernier exercice, nous faisons la posture du chien tête en bas. Positionnez-vous à quatre pattes comme un chien. Et lentement, poussez les fesses vers le haut. Tendez les bras et les jambes. Votre tête reste en bas. Et, avec vos mains, faites des petits pas vers l'avant pour étirer le dos.

Piste 8 – Activité 2A, page 19

Journaliste : Bonjour, Marcela. Aujourd'hui, vous allez nous parler du bonheur des adolescents. Mais peut-on être heureux à l'adolescence ?
Marcela : Oui, bien sûr ! Selon une enquête de Statbel, environ 66 % des jeunes Belges se sentent toujours ou presque toujours heureux.
Journaliste : Ce n'est pas si mal !
Marcela : Oui, en effet, ce n'est pas si mal. Mais selon la même étude, les jeunes se sentent souvent seuls, surtout avant l'hiver.
Journaliste : Seuls et... moins heureux ?
Marcela : Malheureusement, oui. Ils sortent moins, ils passent beaucoup de temps sur Internet, plusieurs heures après l'école et encore plus le week-end... Franchement, ce n'est pas du tout rassurant parce que souvent ils se connectent juste avant de dormir. Pourtant, le sommeil est très important pour être en forme, donc heureux. Si les ados ne dorment pas assez, alors les émotions négatives sont plus fréquentes : la peur ou la colère, par exemple.
Journaliste : Vous proposez quoi alors ?
Marcela : On peut décider le soir d'interdire les écrans après une certaine heure, mais pas seulement pour les ados : pour les adultes, aussi.
Journaliste : Très intéressant. Et vous avez d'autres conseils à donner ?
Marcela : Il faut aussi passer du temps avec les adolescents. Je conseille toujours de prendre les repas en famille. Il faut aussi faire des activités à l'extérieur, voir la nature, même quand c'est l'hiver et qu'il fait froid !

UNITÉ 3
Piste 9 – Activité 1C, page 22

Cantinière : Bonjour Nils ! Alors, tu manges quoi ?
Nils : Je veux un steak avec des pommes de terre. Du camembert avec du pain et, pour le dessert, une glace au chocolat, s'il vous plaît !
Cantinière : Tu ne veux pas d'entrée ?
Nils : Non, non ! Je n'aime pas les crudités.
Cantinière : Et un fruit, Nils ?
Nils : Non plus. Bonne journée !
...
Cantinière : Bonjour Amandine ! Qu'est-ce que tu veux ?
Amandine : Euh... pour l'entrée, une salade de tomates.
Cantinière : Et le plat ?
Amandine : Le plat ? Une cuisse de poulet avec du riz et des légumes. Et je prends un yaourt et une banane pour le dessert.
Cantinière : Bah, voilà un repas bien équilibré. Bon appétit !

Piste 10 – Activité 2B, page 25

Mariam : Alors les amis, vous êtes contents de partir à Casablanca ?
Ilyes : Oui, on est contents. On va voir nos grands-parents et ma mamie fait très bien la cuisine. On va bien manger !
Jasmine : Oui, j'adore la cuisine de mamie ! Son tajine de poulet, mon amie, ah la la... Il est délicieux.
Mariam : C'est un tajine à quoi ?
Ilyes : C'est un tajine de poulet à l'abricot, avec des carottes et des pommes de terre. C'est un mélange sucré-salé. C'est super bon.
Mariam : Et votre grand-mère, elle cuisine du couscous aussi ?
Jasmine : Bien sûr ! Mais moi, je n'aime pas la sauce harissa avec le couscous. C'est vraiment piquant. J'aime le couscous quand ce n'est pas piquant. Donc, pas de harissa !
Ilyes : Ah, Jasmine ! Tu es l'exception de la famille. On aime tous manger piquant : papy, mamie, papa, maman, tes parents, moi... On adore la harissa !

Piste 11 – Activité 2C, page 26

- J'ai une idée. On peut faire des crêpes pour la fête d'Annabelle ?
- Sucrées ou salées ?
- Bah les deux !
- Cool ! On a besoin de quoi ?
- Alors, pour la pâte à crêpes : on a besoin de 4 œufs, d'une bouteille de lait et de 250 grammes de farine.
- Et pour la garniture salée ?
- On prend du fromage et des champignons ? Ça va ?

Transcriptions

○ Oui ! champignons, fromage, c'est bon.
● Et pour les crêpes sucrées, nous avons besoin de chocolat et de confiture.
○ Et des bananes ?
● D'accord, on peut acheter des bananes aussi.

Piste 12 – Activité 2B, page 27

● Comme entrée, je prends une salade de poivrons grillés. Et comme plat, je voudrais un croque-monsieur avec des frites.
○ Et moi, la tarte aux poireaux comme entrée. Et après, je prends du poulet à la moutarde avec du riz.
● Tu veux un dessert ?
○ Non, pas de dessert. Mais je vais prendre un café.
● Moi, c'est le contraire ! Je prends une mousse au chocolat, mais pas de café !

UNITÉ 4

Piste 13 – Activité 1B, page 30

A. Moi, c'est Olympe, j'ai 15 ans et je suis passionnée de nouvelles technologies. Je voudrais créer des programmes, des sites Internet, développer des applications ou des jeux pour les ordinateurs. Pour devenir ingénieure en informatique, il faut obtenir un master en informatique. Il y a deux possibilités : aller dans une école d'informatique ou aller à l'université.

B. Je m'appelle Lysandre et j'ai 16 ans. Je suis super bonne en mathématiques et, à la maison, j'aide ma petite sœur à faire ses devoirs. J'aime lui expliquer les calculs et la géométrie. Alors, je pense que j'aimerais bien travailler comme prof de maths plus tard. Oui, je voudrais faire des études de mathématiques après le lycée pour passer le concours d'enseignant.

C. Moi, c'est Youri, 14 ans ! J'ai une grande famille et dans ma famille, bien manger, c'est un plaisir ! On cuisine beaucoup ! J'aide mes parents à faire les repas : j'adore tester des recettes et j'adore manger ! Donc, plus tard, j'aimerais travailler dans un restaurant. Je voudrais être cuisinier. C'est un métier fait pour moi. Conclusion : après le collège, je vais aller dans un lycée professionnel et il y a trois années d'études pour avoir son bac pro « cuisine ».

Piste 14 – Activité 1D, page 32

A. Oui, mais il va rentrer à la maison dans 10 jours. Il participe à de projets très intéressants là-bas et il aime beaucoup ces collègues belges !
B. Samedi prochain, je vais aller chez ma grand-mère pour son anniversaire : je vais aider ma mère à préparer un magnifique gâteau ! Et dimanche prochain, je ne sais pas : je vais faire mes devoirs !
C. Demain matin, je vais accompagner mon petit frère à l'hôpital. Il va se faire opérer de l'appendicite.
D. Non, on ne va pas partir en vacances la semaine prochaine, on va rester à la maison. Mais, le mois prochain, on va voyager aux îles Baléares !
E. Nous allons passer collecter les dons mardi prochain. J'espère que les gens vont être généreux !

Piste 15 – Activités 1C et 1D, page 34

Romane : Dans ma famille, nous avons tous des compétences très différentes ! Mon père s'occupe plutôt de la maison… et il sait tout faire ! Il sait bricoler, coudre, tricoter, et il sait très bien faire la cuisine. Mais il ne connaît RIEN à l'art !
Ma mère, elle, connaît tous les peintres, classiques et modernes. Elle va souvent voir des expositions. Elle sait dessiner, elle sait peindre… et puis, elle fait aussi du théâtre ! Mais elle ne connaît pas de langues étrangères. L'expert, c'est mon frère, Marc : il connaît beaucoup de langues ! Il sait parler allemand, anglais, russe et japonais ! Il connaît des personnes partout dans le monde, il travaille pour un grand hôtel. Mais il ne sait pas du tout bricoler.
J'ai aussi une grande sœur, Julia. Elle est passionnée de sport. Elle sait jouer au football, au basket et au handball. Elle sait aussi faire du roller et du skate. Et elle connaît tous les sportifs professionnels. Mais elle ne sait pas cuisiner des pâtes et elle ne connaît pas d'autres langues.

Piste 16 – Activité 2C, page 35

Romane : Ma meilleure amie, c'est une vraie artiste ! Elle sait très bien dessiner ! Elle connaît plein de bandes dessinées et de mangas. Elle sait peindre et demain, elle va faire un portrait de moi pour mon anniversaire. Elle sait aussi fabriquer des bijoux. Elle aimerait apprendre à jouer du piano, mais elle ne sait pas lire la musique. L'année prochaine, elle va prendre des cours pour apprendre la musique.

UNITÉ 5

Piste 17 – Activité 1A, page 38

1. Je mange du saumon.
2. J'ai adoré ce quartier.
3. J'ai fait du cheval.
4. Je visite le centre-ville.
5. J'ai goûté une spécialité.

Piste 18 – Activité 2B, page 39

Marius : Moi, j'habite dans une grande ville. Alors, je préfère passer mes vacances dans la nature, loin de la ville. J'aime beaucoup les sports d'hiver, je fais du snowboard et je fais du ski. J'adore aller à la montagne en été, on peut faire du canoë-kayak sur les lacs, faire des randonnées. Tout est vert, les paysages sont magnifiques. La mer, c'est sympa aussi, mais le problème : il y a beaucoup trop de touristes à la plage ! Je n'aime pas ça…

Piste 19 – Activité 1C, page 40

Et voici la météo de ce jeudi ! Dans la capitale, c'est variable aujourd'hui. À Paris, le temps est nuageux, mais il ne pleut pas. Il fait 12 °C cet après-midi. Dans l'est de la France, à Strasbourg, il fait plus chaud. Il fait 16 °C, mais il pleut en Alsace.
Dans le sud du pays, la météo est meilleure. À Toulouse, il fait chaud. Il fait 22 °C. Mais faites attention : il y a du vent.
Enfin, dans la vallée du Rhône et à Lyon, il fait très beau. Il y a du soleil et la température est de 25 °C.

Piste 20 – Activité 2B, page 41

Capucine : Salut Andréa ! Alors, tes vacances en Italie, c'était comment ?
Andréa : J'ai adoré ! La Sicile, c'est merveilleux ! Il fait chaud, il y a du soleil…
Capucine : Ah oui ? Qu'est-ce que tu as fait ?
Andréa : Plein de choses ! Nous avons visité des sites archéologiques. Et nous avons fait une randonnée à l'Etna ! C'est un volcan.
Capucine : Et la cuisine italienne ? Tu as goûté de vraies pizzas ?
Andréa : Oh oui, les pizzas sont parfaites là-bas ! Et j'ai mangé des glaces délicieuses aussi !
Capucine : La chance ! Et qu'est-ce que tu as préféré ?
Andréa : Mmmm… peut-être…. la plage ! Avec son sable blanc et son eau bleu turquoise. C'est idéal pour se baigner ou pour bronzer !

Piste 21 – Activité 2B, page 43

Le trésor se situe au centre de l'image. Il se trouve derrière le lac. Le trésor est situé en face de la deuxième montagne bleue, la plus petite, qui est au milieu. Il se trouve au bord de la rivière, du côté gauche. Sur l'image, il est entre la fille et la moto.

UNITÉ 6
Piste 22 – Activité 1A, page 46

Sékou : Karidja ? Tu fais le tri chez toi ?
Karidja : Oui, bien sûr ! Nous jetons les bouteilles en plastique, les emballages en carton et les briques de lait dans une poubelle bleue. Et on fait du compost aussi ! Il y a un bac à compost dans le jardin pour les déchets organiques, comme les fruits, les légumes ou le pain. Après, mes parents utilisent le compost pour jardiner !
Sékou : Et vous recyclez le verre aussi ?
Karidja : Alors, nous recyclons les choses en verre, mais il n'y a pas de bac à la maison. Nous allons jeter les bouteilles et les pots en verre dans une poubelle à verre à côté de la gare.

Piste 23 – Activité 2D, page 49

Sékou : Salut ! Moi, c'est Sékou et je vais t'expliquer comment fabriquer un super cadeau : un vase ! Alors, pour faire ton vase récup', il faut : une brique de jus de fruits, du papier épais, du scotch ou du ruban adhésif, des feutres, de la peinture, des paillettes… et quelque chose pour décorer ! Ah oui, et un outil : des ciseaux. C'est parti ! Tout d'abord, tu découpes le haut de ta brique de jus de fruits pour créer la forme du vase. C'est un long rectangle, ouvert en haut.
Ensuite, tu enroules un papier autour de la brique, pour la couvrir. Pour coller le papier, tu entoures du scotch ou, mieux, du ruban adhésif coloré, c'est plus joli.
Puis, tu peux dessiner ou colorier le papier, ajouter des paillettes… tu décores comme tu veux.
Enfin, il faut ajouter de l'eau… et des fleurs bien sûr ! Et voilà, tu as un vase unique !

Piste 24 – Activité 2B, page 51

1. Je vends cet anorak noir à capuche de marque, taille S. Il est en bon état.
2. Mon frère donne des vêtements pour bébé. Il y a même une petite robe à pois très mignonne. Ça t'intéresse ?
3. Regarde cette robe à col roulé ! Elle est en laine. Ils la vendent à 12 euros seulement !
4. À vendre ! Un pull vert à motifs en laine, taille L ! Idéal pour les fêtes de Noël. Malheureusement, il est trop grand pour moi !
5. Tiens, une chemise bleu ciel ! Ça change comme couleur ! C'est lumineux. Tu l'aimes bien ?

Transcriptions

DELF

Piste 25 – Exercice 1, page 54

Salut ! C'est Manon ! Est-ce que tu es libre samedi à 15 heures. Je fais une fête pour mon départ au Québec. Nous partons mardi la semaine prochaine. Tu peux apporter des boissons. Envoie un SMS avant jeudi pour confirmer ta présence. À plus !

Piste 26 – Exercice 2, pages 54-55

Chers clients bonjour et bienvenue dans votre supermarché ! Votre magasin vous propose un mois de promotions spéciales « rentrée » ! Cette semaine, et jusqu'à samedi 15, c'est la fête des légumes et des fruits de saison. Les carottes, les courgettes et les tomates sont à 90 centimes le kilo ! Faites le plein de vitamines au rayon fruits : les pommes et les oranges sont à 1 euro 50 les 2 kilos ! Dépêchez-vous le magasin ferme à 19 h 30.

Piste 27 – Exercice 3, page 55

Bonjour, vous êtes sur le répondeur de l'office de tourisme de la ville de Lyon. L'office de tourisme est ouvert de 8 h 30 à 12 h 30 et de 13 h 30 à 18 h 30 du lundi au samedi. Le dimanche, il est ouvert sans interruption de 8 h 30 à 16 h 30, heure de fermeture. Pour le service des informations sur les offres de visites, composez le 1. Pour le bureau des guides, composez le 2. Pour obtenir le pass « week-end à Lyon », composez le 3. Pour toute autre demande, rendez-vous sur notre site internet !

Piste 28 – Exercice 4, page 56
Situation n° 1 :

- Bonjour, monsieur ! Je voudrais des informations sur les visites guidées.
- Oui, bien sûr ! Nous proposons des pass pour visiter les monuments principaux et deux musées.

Situation n° 2 :

- Salut ! Est-ce que tu vas au forum des métiers samedi ?
- Oui, j'y vais à 15 heures.
- On peut y aller ensemble ?

Situation n° 3 :

- Salut, ça va ?
- Non, pas très bien ! J'ai mal à la tête et je me sens fatigué.
- Oh, je suis désolée, tu dois aller chez le médecin ou bien rentrer chez toi !

Situation n°4 :

- Excusez-moi, je suis perdu ! Vous pouvez me dire où se trouve le parc de l'Orangerie ?
- Oui, bien sûr, c'est tout proche ! Prenez la première à droite et c'est au bout de la rue. Au revoir !
- Merci, madame !

Piste 29 – Exercice 5, page 56

Salut ! C'est Capucine. Je t'appelle parce que demain c'est la journée pour le tri avec l'association Planète propre. On va aller dans la forêt pour ramasser les déchets abandonnés par les gens. La semaine dernière, nous avons trouvé beaucoup de canettes, mais aussi des bouteilles en plastique et des boîtes de conserve. C'est dégoûtant ! Heureusement, ensuite nous les recyclons ! Rappelle-moi pour me dire si tu viens ! À plus !

Carte administrative de la France

Carte de la Francophonie

Édition : Aurore Baltasar, Estelle Foullon et Lucile Lacan
Conception graphique et couverture : Laurianne López
Mise en page : Ana Varela García
Illustrations : Ernesto Rodríguez
Correction : Nathalie Kirsner

CRÉDITS PHOTOGRAPHIQUES

Couverture : Adobe Stock/Patryssia, Adobe Stock/PIERRE, Adobe Stock/Asier, Istock/SolStock, Adobe Stock/AUFORT Jérome, Istock/STEEX, Adobe Stock/Leonid Andronov, Istock/gui00878 ; **Les adolescents :** p. 4 Adobe Stock/Patryssia, Adobe Stock/PIERRE, Adobe Stock/Asier, Istock/SolStock, Adobe Stock/AUFORT Jérome, Istock/STEEX ; **Unité 1 :** p. 5 Istock/vitalik19111992, Adobe Stock/Patryssia, Adobe Stock/NicoElNino ; p. 6 Dreamstime/Pramote Seemak, Adobe Stock/mat, Istock/BalkansCat ; p. 8 Adobe Stock/Patryssia, Istock/SolStock, Istock/brusinski ; p. 9 Adobe Stock/EvgeniyBobrov ; p. 10 Istock/EdwardShtern, Istock/Blurra, Istock/bonetta, Istock/LordRunar, Istock/bonetta, Istock/ADragan, Istock/skodonnell, Istock/istanbulimage, Istock/Antagain, Istock/stockforliving, Istock/dendong, Istock/pamela_d_mcadams ; p. 11 Adobe Stock/pressmaster ; **Unité 2 :** p. 13 stock/vitalik19111992, Adobe Stock/PIERRE, Istock/Ludwig Deguffroy ; p. 15 Istock/South_agency ; p. 16 Istock/Capuski, Istock/SolStock, Istock/AntonioGuillem, Istock/SolStock ; p. 17 Istock/Vladimir Vladimirov, Istock/Alexandra Bachevskaia ; p. 19 Istock/Imgorthand, Istock/piola666, Istock/monkeybusinessimages ; p. 20 Istock/Kannika Paison, Istock/Hasbi Sahin, Istock/SeventyFour ; **Unité 3 :** p. 21 Istock/vitalik19111992, Adobe Stock/Asier, Istock/Olena_Z ; p. 22 Istock/Tim UR, Istock/Floortje, Istock/Inna Tarasenko, Istock/malerapaso, Istock/Chanachok, Istock/Tim UR, Istock/Fascinadora, Istock/WestLight, Istock/Aamulya, Istock/chengyuzheng, Istock/hongquang09, Istock/domdeen, Istock/Buriy, Istock/vadimrysev, Istock/AlasdairJames, Istock/fcafotodigital, Istock/Floortje, Istock/lightshows, Istock/delmonte1977, Istock/Wavebreakmedia, Istock/Six_Characters ; p. 23 Adobe Stock/vaaseenaa, Adobe Stock/Natalia Mylova, Adobe Stock/busenlilly666 ; p. 24 Adobe Stock/Tomas Marek ; p. 25 Istock/alenkadr, Istock/lleerogers, Istock/lleerogers, Istock/Givaga, Istock/Everyday better to do everything you love, Istock/robert6666, Istock/BRULOVE, Istock/jirkaejc, Istock/JohnGollop, Istock/Juanmonino, Istock/Vasko, Istock/AndreyGorulko, Istock/AlexvandeHoef ; p. 26 Istock/GMVozd, Istock/instagram: krmk146, Istock/kwasny221 ; p. 27 Istock/Caziopeia, Istock/oyontar, Istock/fotostorm ; p. 28 Istock/Branimir76, Istock/aluxum, Istock/NightAndDayImages, Istock/karelnoppe ; **Unité 4 :** p. 29 Istock/vitalik19111992, Istock/SolStock, Istock/bbsferrari ; p. 31 Istock/MmeEmil ; p. 32 Istock/Glopphy ; p. 33 Istock/Sakis Lazarides, Istock/AwaylGl ; p. 34 Istock/alexsl, Istock/EasyBuy4u, Istock/macida, Istock/talevr ; p. 35 Istock/35007, Istock/PeopleImages, Istock/baona, Istock/Pollyana Ventura, Istock/Joel Carillet, Istock/Nastasic ; **Unité 5 :** p. 37 Istock/vitalik19111992, Adobe Stock/AUFORT Jérome, Dreamstime/Xantana ; p. 38 Dreamstime/Ifeelstock ; p. 39 Istock/Eloi_Omella, Istock/lucentius, Istock/Ivan Nakonechnyy ; p. 41 Istock/Dragonite_East, Istock/intek1, Istock/Mlenny, Istock/ViewApart, Istock/Balate Dorin ; p. 42 Istock/visualspace, Istock/makasana ; p. 43 Istock/Orietta Gaspari ; p. 44 Istock/MCS-Photography ; **Unité 6 :** p. 45 Istock/vitalik19111992, Istock/STEEX, Dreamstime/Noursaid Gamal ; p. 46 Istock/jmsilva, Istock/alenkadr, Istock/lucentius ; p. 47 Istock/WillSelarep, Istock/Smileus, Istock/Sorbyphoto, Istock/Bicho_raro, Istock/benoitrousseau, Istock/aldomurillo, Istock/bruev, Istock/travenian, Istock/JodiJacobson, Istock/Nikhil Patil, Istock/genekrebs ; p. 48 Adobe Stock/Africa Studio, Istock/zhudifeng, Adobe Stock/Akova, Adobe Stock/ksena32, Istock/farakos ; p. 49 Istock/mediaphotos, Adobe Stock/Mila Naumova, @ Lilys Little Factory, Istock/JulPo ; p. 50 Adobe Stock/denisgorelkin, Istock/GoodLifeStudio, Istock/Krafla, Istock/mludzen, Istock/Tarzhanova ; p. 51 Adobe Stock/Evrymmnt, Istock/Bilgehan Tuzcu, Istock/domin_domin, Adobe Stock/rasmus, Istock/lypnyk2, Istock/Taek-sang Jeong ; **DELF :** p. 54 Istock/Magone, Istock/Pineapple Studio, Istock/scanrail ; p. 55 Istock/Pichest, Istock/Hyrma, Istock/kgfoto, Istock/DmitriyKazitsyn, Istock/AlasdairJames, Istock/chengyuzheng, Istock/Altayb ; p. 56 Istock/Liudmila Chernetska, Istock/retouchman, Istock/Garsya, Istock/Andres Victorero, Istock/gaffera ; p. 57 Istock/schafar, Istock/penguenstok, Istock/mawielobob ; p. 60 Istock/Eric Bascol, Istock/OceanProd, Istock/Reint-Jan ; p. 63 Istock/omersukrugoksu, Istock/PLG, Istock/burdem, Istock/Vera Bracha, Istock/bratan007, Istock/Radila Radilova, Istock/Martina Rigoli, Istock/mtreasure

Tous les textes et documents de cet ouvrage ont fait l'objet d'une autorisation préalable de reproduction. Malgré nos efforts, il nous a été impossible de trouver les ayants droit de certaines œuvres. Leurs droits sont réservés aux Éditions Maison des Langues et Difusión.

© Difusión, Centre de Recherche et de Publications de Langues, S.L., 2023
ISBN : 978-84-1157-016-9
Réimpression : août 2024
Imprimé dans l'UE

Toute forme de reproduction, distribution, communication publique et transformation de cet ouvrage est interdite sans l'autorisation des titulaires des droits de propriété intellectuelle. Le non-respect de ces droits peut constituer un délit contre la propriété intellectuelle (art. 270 et suivants du Code pénal espagnol).

www.emdl.fr/fle

MIXTE
Papier | Pour une gestion forestière responsable
FSC® C019520

DANGER
LE PHOTOCOPILLAGE TUE LE LIVRE